www.tredition.de

AF185073

Das Aquarell „Stadt Licht" auf dem Umschlag wurde von Andreas Ismail Mohr gemalt. Er schreibt dazu: „Die Stadt des Lichts steht für das Zusammenkommen von vielen Menschen unterschiedlicher Art und Farbe, die miteinander leben, somit ein komplexes Ganzes bilden und sich darin im Geist der Toleranz und des Wunsches nach Aufklärung und Erleuchtung begegenen. Die orientalische Silhouette steht für das Morgenland als Ursprungsort von Judentum, Christentum und Islam."

Koordinierungsrat des
christlich-islamischen Dialogs e. V.

Mut zum Dialog

Beiträge aus der Praxis

© 2015 Koordinierungsrat des christlich-islamischen Dialogs e. V. (Herausgeber)
Lektorat, Korrektorat: Karl Berger und Frieder Kobler
Umschlag, Illustration: Andreas Ismail Mohr

Verlag: tredition GmbH, Hamburg

ISBN
Paperback   978-3-7323-3734-7

Printed in Germany

Inhaltsverzeichnis

Vorwort

Bismillah – im Namen unseres barmherzigen Gottes

Am 19. Januar 2003 wurde der KCID unter dem damaligen sperrigen Namen „Koordinierungsrat der Vereinigungen des christlich-islamischen Dialogs in Deutschland" in Bad Boll gegründet und am 12. März 2004 in Berlin beim Amtsgericht Charlottenburg ins Vereinsregister eingetragen.

Zum zehnjährigen Bestehen leitete der damalige Vorstand auf Anregung der christlichen Vorsitzenden Susanna Faust Kallenberg die Herausgabe eines „Dialogbuchs" in die Wege. In ihm sollten die Mitgliedsvereinigungen von ihren Aktivitäten berichten, um die Vielfalt der Dialogarbeit in unseren Reihen zu dokumentieren und gute Ideen weiterzugeben.

Nach einigen Schwierigkeiten hat ein neuer Vorstand nun erreicht, dass zu den schon 2013 gesammelten Beiträgen weitere hinzukamen und nun fast alle Mitgliedsvereinigungen an diesem Buch beteiligt sind. Wir danken allen, die zu seinem Entstehen beigetragen haben.

Möge es MUT ZUM DIALOG machen.

Schwalbach und Bonn, im Mai 2015

Irene Diakité, christliche Vorsitzende des KCID

Abdlqalq Azrak, muslimischer Vorsitzender des KCID

Die Probleme zwischen Christentum und Islam auf religiöser Ebene – Prof. Dr. Dr. Bernhard Uhde

Dies ist die Zusammenfassung eines Vortrages, den Herr Professor Uhde am 24. September 2006 im Rahmen der Mitgliederversammlung des KCID bei der Tagung „Über Kreuzritter und Gotteskrieger zu Toleranz und Dialog" in Rheinfelden hielt. Sie wurde von Karl Berger erstellt und vom Referenten, der an der Freiburger Universität Religionsgeschichte lehrt, überarbeitet und autorisiert.

Der Vortrag war Schluss und unterhaltsamer Höhepunkt der Tagung. Denn es gelang Herrn Prof. Uhde, wichtige und grundsätzliche Gedanken auf seine unnachahmliche Art locker und amüsant, manchmal flapsig oder fast respektlos, jedoch klar umrissen darzustellen.

Er begann mit der Überlegung, zu welchen Aspekten des Tagungsthemas, das die gewaltsamen Auseinandersetzungen zwischen Christen und Muslimen beinhaltet, er in der Sonntagvormittagsstunde etwas sagen sollte. Er kam zum Schluss, darzustellen, welche Probleme sich beim Aufeinandertreffen von Islam und Christentum auf religiös-theologischer Ebene stellen und welche Ansätze es zur Lösung dieser Probleme gibt, und zwar jeweils aus christlicher und muslimischer Sicht.

Vor welches Problem sieht sich das Christentum im Hinblick auf den Islam gestellt?

Nachdem sich das Christentum aus dem Judentum heraus und in einer Abstoßbewegung vom Judentum entwickelt hatte, wurde von dem Kirchenvater Klemens von Alexandrien (2. Jhd.) ein Schema entwickelt, das die anderen Religionen und Geisteshaltungen – vor allem das Judentum – als eine Vorbereitung der Botschaft Jesu Christi begreift. So ist das Judentum durch das Wirken Gottes, vor allem durch die Propheten, „Vorbereitung" (lat. praeparatio), das Christentum aber Vollendung (lat. perfectio) der Heilsbotschaft Gottes. Nun soll aber der Kreuzestod Jesu als Erlösung für alle Menschen an allen Orten und zu allen Zeiten gelten, also universal und absolut. Wie kann diese Heilstat für diejenigen wirksam sein, die vor Jesus lebten, wie für diejenigen, die außerhalb der Hörweite der Botschaft Christi leben? So hat Justin von Alexandrien gezeigt, dass auch diese Menschen von der unendlich guten Heilstat Jesu Christi umfangen werden, weil sie von Natur aus als gottgeschaffene Menschen zwischen gut und böse unterscheiden können und daher immer, wenn sie sich zum Guten entscheiden, Anteil an Christi unendlich guter Tat haben, auch wenn sie dies nicht wissen.

Nachdem der Islam jedoch später als das Christentum und mit scharfer Kritik an den Prinzipien christlichen Glaubens hervortrat, waren beide Schemata nicht anwendbar. So blieben zwei Möglichkeiten: Entweder sind die Schemata falsch oder der Islam ist ungut. Da die Schemata aber in den Briefen des Paulus anklingen, also durch die Heilige Schrift verbürgt sind, bleibt nur, dass der Islam ungut sei. Die Theologie benötigte Jahrhunderte, um diese Alternative aufzubrechen.

Vor welches Problem sieht sich der Islam im Hinblick auf das Christentum gestellt?

Dem menschlichen Denken fällt es schwer die Christologie zu verstehen, dass Jesus sowohl wahrer Gott als auch wahrer Mensch ist, und dass Gott sowohl einer als auch dreifaltig ist. Das verstößt gegen das Kontradiktionsprinzip, wonach von zwei sich widersprechenden Aussagen nur eine wahr sein kann. Wenn Jesus in Sure 5 des Korans wie ähnlich auch in der Bibel mit Blick auf Gott zu den Menschen sagt: „Dienet meinem und eurem Herrn.", so ist er Knecht und kann nicht gleichzeitig Herr sein. Die Auflösung der Kontradiktion bei der Dreifaltigkeit ist mit einer Gedankenfolge möglich, die aber nur wenigen Christen vertraut ist, wenigen Laien zumal – Uhde sprach von der Blumenkohlverkäuferin auf dem Freiburger Münsterplatz.

Wie man sich diese Auflösung vorzustellen hat, umriss er auf Nachfrage in der dem Vortrag folgenden Gesprächsrunde: Gott ist einer. Seine Einheit können wir nicht erkennen, da es in dem Einen keinen Unterschied gibt, da der Mensch alles am Unterschied erkennt. Die vollkommene Einheit ist also den Sinnen und dem Verstand nicht erkennbar. Denken wir nun, dass Gott in seiner Einheit zu uns kommen will, so können wir ihn nicht erkennen, wenn er dabei absolute Einheit bleibt. Wenn also auch Christus absolute Einheit ist, muss uns eine weitere Person gleicher Art, doch unterschieden, geschenkt werden: der Heilige Geist. Wenn also Gott in Person, in der Person Jesu Christi, zu uns kommt, erkennen wir ihn durch den Heiligen Geist – und dies ergibt die Trinität, die Dreifaltigkeit Gottes.

Der zentrale Glaubensinhalt des Christentums, die Lehre von der Dreifaltigkeit, wird nicht von allen Christen verstanden. So setzt sich das Christentum dem Vorwurf aus, seine Wahrheit nicht einheitlich, sondern nur selbstwidersprüchlich verkünden zu können. Der Islam vermeidet alle diese logischen Schwierigkeiten und steht dem Christentum kritisch gegenüber.

Ergebnis: Christentum und Islam finden keine gemeinsame theologische Grundlage.

Um von der Konfrontation zum gegenseitigen Verständnis zu kommen, müssen die jahrhundertelangen theologischen und kriegerischen Auseinandersetzungen beendet werden. Dabei haben beide Seiten immer wieder gegen die eigenen religiösen Grundsätze verstoßen und es ist sinnlos, die Verbrechen gegeneinander aufzurechnen. Trotzdem kann man feststellen, dass die Muslime den Besiegten gegenüber meistens gnädiger verfuhren als die Christen. Allerdings hatte das außer religiösen auch kriegstechnische Gründe.

Wie kann das Christentum sein Problem mit dem Islam lösen?

Innerhalb des Christentums kann für die Katholische Kirche das Dokument „Nostra Aetate" des Zweiten Vatikanischen Konzils Zeichen einer Neubesinnung im Verhältnis des Christentums zu anderen Religionen, also auch zum Islam, gesehen werden. Hier wird der Islam als eine auf das Christentum hingeordnete Religion verstanden. Im Anhalt an scholastische Theologie könnte man aber auch wagen, Judentum, Christentum und Islam gemeinsam zu verstehen als sich ergänzende Religionen: das Judentum als die Religion des Vaters, das Christentum als die Religion des Sohnes, den Islam als die Religion des Geistes. Eine solche Auffassung ist zwar für Muslime nicht hinzunehmen, da sie ja die Dreifaltigkeit voraussetzt, hilft aber Christen, auf Muslime zuzugehen.

Wie kann der Islam sein Problem mit dem Christentum lösen?

Der Islam kann andere Religionen nicht als gleichwertig betrachten, ohne das Kontradiktionsprinzip aufzugeben. Aber er kann andere Religionen anerkennen: „Und hätte Gott gewollt, hätte er euch gemacht zu einer Gemeinschaft, einer einzigen." (Koran 5, 48). Wenn Gott also die Verschiedenheit will, bleibt dem Menschen nur, dies zu respektieren, zumal „Islam" ja „Ergebenheit" in den Willen Gottes bedeutet. Und es ist auch gut, dass es die anderen Religionen gibt: „…Er wollte euch in dem prüfen, was Er euch gegeben." (Koran 5, 48). So erkennt der Muslim die Vorzüge seines Glaubens am Unterschied zu Judentum und Christentum.

Zur immer wieder gehörten Forderung, der Islam müsse durch eine Aufklärung gehen, wie sie das Christentum hinter sich habe, meinte Uhde, dass sich der Islam seinem Selbstverständnis nach bereits von seinem Beginn als Aufklärung gegenüber Judentum und Christentum verstanden habe.

Interview mit Murat Aslanoğlu

A nfang März 2015 sprachen Karl Berger und Frieder Kobler vom KCID-Vorstand mit Murat Aslanoğlu, dem muslimischen Gründungsvorsitzenden, in einer neunzigminütigen Telefonkonferenz. Das Wichtigste daraus ist hier zusammengefasst.

KCID: Herr Aslanoğlu, in den Annalen des KCID steht als erster Eintrag seine Gründung am 19. Januar 2003 in Bad Boll. Wie war das damals? Wie kam es dazu?

Aslanoğlu: Die Initiative ging von zwei großen Dialogvereinen aus, der Christlich-Islamischen Gesellschaft mit Sitz in Köln (CIG) und der CIG Region Stuttgart. Schech Bashir Ahmad Dultz, der damalige muslimische Vorsitzende der CIG, hatte schon seit langem den Gedanken, sich mit anderen Dialogvereinen intensiver zu vernetzen. Doch erst nach dem 11. September 2001, als der Dialog mit dem Islam in aller Munde war, war die Idee mit einem größeren Wirkungskreis umsetzbar. Damals war unsere CIG Region Stuttgart bereits eine sehr aktive Dialoggruppe von jungen Menschen. Wir schrieben Theaterstücke über die Verständigung von Muslimen, Christen und Juden, die zum Lachen und zum Nachdenken anregten. Die Stücke führten wir selbst auf, nicht nur in der Region Stuttgart, sondern auch bei Gastspielen in anderen Städten. So lernten wir gleichgesinnte Menschen anderer Dialoggruppen kennen.

Michael Blume und ich als damalige Vorsitzende der CIG Stuttgart kamen dann mit Schech Bashir und Thomas Lemmen, dem CIG-Geschäftsführer, zusammen, um einen Koordinationsrat für Dialogvereine ins Leben zu rufen. In ihm sollten sich Interessierte miteinander vernetzen, Erfahrungen austauschen, voneinander lernen und einander im Dialog bestärken. Und nach außen sollte der Dachverband als Stimme des Dialogs in der Öffentlichkeit auftreten, von den Mitgliedsorganisationen dazu autorisiert. Da wir in Stuttgart die Kapazitäten hatten eine Geschäftsstelle aufzubauen, nahmen wir die Sache in die Hand. Wir luden zur Gründung des Koordinierungsrats der Vereinigungen des christlich-islamischen Dialogs in Deutschland[1] in die Evangelische Akademie Bad Boll ein. Zur Akademie hatten wir schon gute Beziehungen und sie freute sich, dass die Gründung in ihrem Hause und mit ihrer Unterstützung stattfinden sollte.

Bei der zweitägigen Versammlung waren dann viele Dialoggruppen aus ganz Deutschland vertreten. Wir hatten sie zuvor über Recherchen und vorhandene Kontakte ausfindig gemacht und angesprochen. In einer positiven Atmosphäre wurde über das künftige Profil des Vereins diskutiert, die Satzung beschlossen und der sechsköpfige Vorstand gewählt, darunter die Islamwissenschaftlerin Melanie Miehl und ich als gemeinsame Vorsitzende. Der KCID wurde damit ein wichtiger Teil unseres Lebens.

KCID: Wie gestaltete sich die Vorstandsarbeit?

Aslanoğlu: Die Vorstandsmitglieder kamen aus unterschiedlichen Mitgliedsvereinigungen. So gab es ein breites Spektrum von Sichtweisen und Lebenswelten. Trotz der räumlichen Entfernungen konnten wir uns alle zwei bis drei Monate treffen. Dazwischen waren Absprachen über Telefon und E-Mail wichtig. Da der Verein deutschlandweit aktiv sein wollte, entschieden wir, die Eintragung in das Vereinsregister in Berlin vorzunehmen. Die Geschäftsstelle wurde in Stuttgart eingerichtet.

Gemeinsam mit den anderen Vorstandsmitgliedern organisierten wir zahlreiche Projekte und Veranstaltungen, die größtenteils über Projektmittel gefördert wurden. Dazu mussten wir sehr umfangreiche Projektanträge stellen, die einen enormen Zeitaufwand bedeuteten. Bald war für mich klar, dass der aktive Vorsitz von zwei

---

[1] Der sperrige Name wurde 2007 gekürzt: Koordinierungsrat des christlich-islamischen Dialogs

Vereinen neben Familie und Beruf zu viel wurde, und ich gab mein Amt bei der CIG Stuttgart in jüngere Hände.

KCID: Heute tun wir uns im Vorstand schwer mit Stellungnahmen zu aktuellen Ereignissen. Es muss sie jemand formulieren, der sich gut auskennt, und dann muss geklärt werden, ob alle im Vorstand einverstanden sind. Wie haben Sie das damals gemacht?

Aslanoğlu: Es begann mit der Presseerklärung zur Gründung des KCID, die wir vorbereitet und in der Versammlung besprochen hatten. Dann starb kurz nach unserer Gründung die bekannte Islamwissenschaftlerin Annemarie Schimmel, die viel für den Dialog geleistet hatte. Melanie Miehl schrieb und veröffentlichte hierzu einen Nachruf im Namen des KCID. Weitaus schwieriger und interessanter war es dann, eine gemeinsame Stellungnahme zum Kopftuchverbot für Lehrerinnen in Baden-Württemberg herauszubringen. Darüber wurde im Vorstand kontrovers diskutiert. Schließlich gelang es auf unserer Delegiertenkonferenz 2004 in Esslingen eine Formulierung zu finden und zu verabschieden. Neben unserer Homepage www.kcid.de wurden unsere Mitteilungen über einen Mail-Verteiler versendet, den wir nach und nach zusammengestellt hatten. Damals wurden auch Faxe in die Redaktionen gesendet. Melanie und ich gaben zudem immer wieder Interviews und traten öffentlich auf. Dabei war es auch einmal nötig, prägnant Stellung zu beziehen, wie in meinem Interview auf islam.de zum Gesinnungstest in Baden-Württemberg. Mein Fazit: Schulnote fünf bis sechs für die Landesregierung.

KCID: Wie groß war die öffentliche Resonanz?

Aslanoğlu: Wir hatten das Glück, dass einige unserer christlichen Unterstützer durch ihre beruflichen und ehrenamtlichen Tätigkeiten gut in kirchliche und staatliche Kreise vernetzt waren. So waren Melanie und ich gleich im ersten Jahr beim Neujahrsempfang von Bundespräsident Johannes Rau. Später wurde ich als muslimischer KCID-Vorsitzender zu Treffen im kleinen Kreis mit Papst

Benedikt, Bundespräsident Horst Köhler und in den Bundestag eingeladen. Wir hatten auch ein sehr großes Projekt ins Leben gerufen und viel Zeit reingesteckt, die Christlich-Muslimische Friedensinitiative. Sie sollte, ähnlich wie die Woche der Brüderlichkeit, den Dialog weitläufig in die Städte und Schulen bringen. Der Auftakt in Berlin mit dem ZDF als Medienpartner und einer Live-Ausstrahlung im TV war sehr gut. Leider war die langfristig erhoffte Wirkung nicht zu erzielen, da keine großen Sponsoren und damit hauptamtlich Aktive gewonnen werden konnten. Bei all den Kontakten und Einladungen darf man nicht vergessen, dass wir als ehrenamtliche Nichtregierungsorganisation bei den wirklichen Entscheidungen nicht mit am Tisch sitzen und unser realer Einfluss im politischen Bereich gering ist. Es sind vor allem die örtlichen Aktivitäten, die am leichtesten den Weg in die lokale Presse finden. Diese Berichte haben erfreulicherweise meist einen positiven Grundton.

KCID: Sie sind Betriebswirtschaftler von Beruf. Ehrenamtlich bewegten Sie sich aber auf einem ganz anderen Feld, nämlich zwischen Religion und Politik. War das nicht schwierig?

Aslanoğlu: Meine Motivation war, als gläubiger Mensch einen Beitrag für ein gutes Zusammenleben hierzulande zu leisten. Dabei konnte ich schon als Vorsitzender der CIG Region Stuttgart viel lernen im Umgang mit anderen Menschen und Ansichten. Natürlich war man als Muslim in der Öffentlichkeit oft Anfeindungen und Vorurteilen ausgesetzt. Doch mit Gott- und Selbstvertrauen war es möglich, ehrlich interessierte Menschen zu erreichen. Und auch beim Umgang mit Medien den richtigen Ton zu treffen. Auch meine Familie und mein Arbeitgeber ermöglichten meinen Einsatz. So war ich mal in der Zeitung auf einem Foto mit Ministerpräsident Oettinger bei einem Moscheebesuch zu sehen. Mein Chef sprach mich am nächsten Tag darauf an und fand mein Engagement gut. Er ließ mir im Rahmen der Gleitzeit den Freiraum, auch mal tagsüber Termine wahrzunehmen.

KCID: Wenn Sie auf Ihr Engagement im christlich-islamischen Dialog zurückblicken, würden Sie es wieder machen?

Aslanoğlu: Ich habe in zehn Jahren als Vorsitzender der CIG Stuttgart und des KCID viel Zeit und Kraft in den Dialog investiert, war viel von meiner Familie weg. Auch beruflich hätte sich wohl manches anders entwickelt, wenn ich meine ganze Energie da hineingesteckt hätte. Aber ich habe auch ganz viel zurückbekommen, habe echte Freunde fürs Leben gewonnen, interessante Menschen und Orte kennen gelernt, meine Persönlichkeit entwickelt und meinen Horizont erweitert, und vieles andere erlebt. Diese Zeit ist ein wichtiger Teil meines Lebens, ich bin glücklich und zufrieden damit.

Begegnung verändert – Dr. Hussein Hamdan und Michael Hörter, Bendorfer Forum für ökumenische Begegnung und interreligiösen Dialog e. V.

BENDORFER*forum*

FÜR ÖKUMENISCHE BEGEGNUNG
UND INTERRELIGIÖSEN DIALOG E.V.

Das Bendorfer Forum ist ein überregionaler Verein, der an verschiedenen Orten und in unterschiedlichen Formaten interreligiöse Veranstaltungen durchführt. In diesem Beitrag stellen wir zunächst den Verein und dessen Aktivitäten vor und berichten anschließend ausführlicher über eine Dialogtagung für muslimische und christliche Studierende, die exemplarisch einen tieferen Einblick in die Dialogarbeit des Bendorfer Forums ermöglicht.

Intention und Selbstverständnis

Die Gründung des Vereins *Bendorfer Forum für ökumenische Begegnung und interreligiösen Dialog e. V.* im März 2004 hing mit der Schließung des Hedwig-Dransfeld-Hauses in Bendorf bei Koblenz im Jahre 2003 zusammen. In diesem Tagungs- und Begegnungszentrum, das 1925 vom Katholischen Deutschen Frauenbund ins Leben gerufen wurde, sind seit Ende der 1960er Jahre vielfältige interreligiöse Dialogveranstaltungen durchgeführt worden.

Um diese jahrzehntelange Tradition des interreligiösen Dialogs (eine der ältesten fortbestehenden in Deutschland überhaupt!) weiterzuführen, gründeten Freunde des Hauses das Bendorfer Forum. Die Veranstaltungen, die vorher an einem bestimmten Ort stattgefunden hatten, sollten nun an neuen Orten aber in bewährter Form und gewohnter Kontinuität fortgesetzt werden.

Der Verein hat rund achtzig Mitglieder, die vorwiegend den drei abrahamischen Religionen angehören. Dabei ist die Begegnung auf Augenhöhe ein zentrales Prinzip.

Im Vorstand sind jüdische, christliche und muslimische Personen vertreten und alle Veranstaltungen werden von interreligiösen Teams aus den jeweils beteiligten Religionsgemeinschaften konzipiert, vorbereitet und geleitet.

Das Motto der Dialogarbeit des Bendorfer Forums lautet „Begegnung verändert". Dieses Motto bringt zum einen eine Erfahrung zum Ausdruck, die viele, die sich für die Arbeit des Bendorfer Forums engagieren oder einfach nur an einer oder mehrerer Veranstaltungen des Forums teilgenommen haben, dort machen konnten: Die Begegnung mit Menschen aus einer anderen religiösen Tradition bereichert, sie öffnet neue Horizonte, sie verändert den Blick auf den anderen und auf sich selbst, auf die andere und die eigene religiöse Tradition, sie macht den eigenen Glauben noch einmal anders erfahrbar, reflektierter, tiefer.

Durch die Erfahrung der Begegnung von Menschen unterschiedlicher Religionen lässt sich zum anderen aber auch für gesellschaftliche Veränderungen eintreten und streiten: für eine Kultur des Respekts und des konstruktiven Miteinanders zwischen Menschen aus unterschiedlichen Religionen und Kulturen. So könnte sich – inschallah – auch die Gesellschaft durch die interreligiöse Begegnung ein wenig mitverändern.

Die Veranstaltungen und das Charakteristische an „Bendorfer" Veranstaltungen

Jedes Jahr führt das Bendorfer Forum in Kooperation mit seinen Partnern[1] mehrere Tagungen durch. Die beiden ältesten sind die

---

[1] Seit sehr vielen Jahren zählen das Leo Baeck College in London und die Deutsche Muslimliga Bonn zu den Kooperationspartnern des Bendorfer Forums. Wichtige Partner sind auch die kirchlichen Bildungshäuser und Akademien, die die drei ältesten Tagungen inzwischen beheimaten: das Haus Ohrbeck in Georgsmarienhütte, die Ökumenische Werkstatt in Wuppertal und die Evangelische Akademie Villigst.

Internationale Jüdisch-Christliche Bibelwoche, die 2015 bereits zum 47. Mal stattfindet, und die seit 1972 bestehende „Internationale Studentinnen- und Studentenkonferenz zum Dialog von Juden, Christen und Muslimen in Europa (JCM)". Diese beiden Tagungen, die seit mehreren Jahren in Georgsmarienhütte (Bibelwoche) bzw. Wuppertal (JCM) eine neue Heimat gefunden haben, gehen über eine ganze Woche und ermöglichen dadurch eine besonders intensive Begegnung.[1]

Die größte und älteste christlich-islamische Dialogveranstaltung des Bendorfer Forums ist die Christlich-Islamische Pfingsttagung: Diese ebenfalls mehrtägige Tagung, die seit einigen Jahren in Nordwalde bei Münster stattfindet, greift immer wieder aktuelle und gesellschaftsrelevante Themen auf und bietet dazu Vorträge, Diskussionen und Arbeitsgruppen an.[2]

Bei den Veranstaltungen des Bendorfer Forums wird neben der intellektuellen und zwischenmenschlichen auch der spirituellen Begegnung ein hoher Stellenwert eingeräumt. Gebete und Gottesdienste sind fester Bestandteil der Tagungsabläufe. Ihren ganz besonderen Charakter erhalten die Tagungen durch die gegenseitigen Einladungen, den spirituellen Angeboten der jeweils anderen Religionsgemeinschaft(en) beizuwohnen und diese mitzuerleben. Auf diese Weise, aber auch durch gemeinsame Meditationen oder Gebete, kann Spiritualität interreligiös erlebt werden. Charakteristisch für alle drei genannten Veranstaltungen des Bendorfer Forums ist zudem, dass auch Familien mit Kindern daran teilnehmen können, weil während der Tagung ein Kinderprogramm angeboten wird.

---

[1] Zur Entstehung, Geschichte und theologischen Bedeutung dieser beiden Tagungen sei auch auf die sehr lesenswerte Dissertation von Daniela Koeppler hingewiesen, die 2010 unter dem Titel „Zelte der Begegnung" bei Lembeck erschienen ist.

[2] Zur Pfingsttagung ist unter dem Titel „Begegnung im Dialog" auch ein Film entstanden, der die Tagung des Jahres 2007 eindrucksvoll dokumentiert.

Über die drei alten Bendorfer Tagungen hinaus führt das Bendorfer Forum weitere Dialogveranstaltungen durch oder kooperiert an solchen: Ein Beispiel für Kooperationen war etwa die Mitwirkung am Frauen-Kongress „Füreinander Sorge tragen" im Oktober 2012 in Frankfurt und Arnoldshain, ein Beispiel für eigene Veranstaltungen die „Interreligiösen Studientage", bei denen das Bendorfer Forum an jeweils wechselnden Orten von Norden (Schwerin) bis Süden (Freiburg) mit Partnern vor Ort einen Tag oder ein Wochenende im Stile der Bendorfer Dialogtradition organisiert und viel Raum für den Erfahrungsaustausch mit den gastgebenden Dialogengagierten ermöglicht.

Zwischen 2006 und 2009 veranstaltete das *Bendorfer Forum* zudem jährlich eine viertägige Dialogtagung für christliche und muslimische Studierende, bei der sich, ausgehend von entsprechenden Texten aus der Bibel und dem Koran, mit einem theologischen oder gesellschaftspolitischen Thema auseinandersetzt wurde. Auch diese Tagungsreihe des Forums steht in der Tradition der alten Bendorfer Tagungen, da sie deren Prinzipien und Erfahrungen aufgreift.

2009 lautete das Thema dieser Tagung: *„Gewalt in Gottes Namen! Wie gehen wir mit der Gewalt in unseren Religionen und in unseren Heiligen Schriften um?"* Durch die Dialogformen, die sich in den Bendorfer Tagungen entwickelt haben, können, wie sich immer wieder gezeigt hat, auch heikle und schwierige Themen konstruktiv behandelt werden. Der folgende Tagungsbericht dieser Tagung zeigt exemplarisch, wie das konkret geschieht.[1]

---

[1] Der folgende Teil greift auf einen Tagungsbericht zurück, der in der Reihe „CIBEDO-Beiträge zum Gespräch zwischen Christen und Muslimen" (Heft 2009:4, S. 163-164) und auf der Homepage der Georges-Anawati-Stiftung veröffentlicht wurde.

Das Dilemma

Immer wieder wird Christen und Muslime vorgeworfen, dass im Namen ihrer Religionen Gewalttaten verübt werden. Und es ist nicht zu leugnen, dass Kriege, terroristische Anschläge und andere Formen politischer Gewalt oftmals religiös begründet und gerechtfertigt werden – im Islam wie im Christentum. Gewalt im Namen Gottes geschieht. Christentum und Islam haben eine teils blutige Vergangenheit – und in einigen Teilen der Welt auch eine blutige Gegenwart.

Wenn die Gewalttätigkeit in den Religionen und das Gewaltpotenzial der Religionen in gesellschaftlichen Diskussionen zum Thema werden, so wird häufig auf Texte von erschreckender Gewalt aus Koran und Bibel verwiesen: „Tötet sie überall, wo ihr sie ausfindig macht." (Sure 2, 191) heißt es dort, oder „Rüstet einen Teil eurer Männer (...), um die Rache des Herrn (...) zu vollstrecken." (Num 31, 3) oder aber „Ich bin nicht gekommen, um Frieden zu bringen, sondern das Schwert" (Mt 10, 34). Während solche Stellen von den einen gerne als Bestätigung dafür betrachtet werden, dass den Religionen eine tiefe Gewaltneigung innewohnt, die Gewalt durch fanatische Gläubige unausweichlich macht, dienen sie anderen tatsächlich als Rechtfertigung für Gewalthandlungen. Nun mag man entgegnen, dass es doch auch ganz andere Stellen in den Heiligen Schriften der Christen und Muslime gibt, so z.B. Sure 49,10: „Stiftet Frieden zwischen Euren Brüdern und fürchtet Gott..."; Röm 12, 17+18: „Vergeltet niemand Böses mit Bösem. (...) Soweit es euch möglich ist, haltet mit allen Menschen Frieden." Man darf in der Tat nie müde werden, in den Diskussionen auf diese Texte hinzuweisen. Doch trotz der Existenz, ja selbst trotz einer Dominanz solcher Friedenstexte in den heiligen Texten der Weltreligionen stellt sich gleichwohl die Frage: Wie gehen wir mit diesen sperrigen Gewalttexten in unseren heiligen Schriften um? Die Präsenz von Gewalt und die Diskussion hierüber machen nur zu deutlich, dass die Verdrängung der Existenz dieser Texte kein sinnvoller Umgang sein kann, sondern eine ernsthafte Auseinandersetzung mit ihnen wichtig ist, um sich in die gesellschaftliche Diskussion besser einbringen zu können.

Die Konzeption der Tagung

Die Frage nach dem Umgang mit Gewalttexten in unseren Heiligen Schriften stand deshalb im Zentrum einer Dialogtagung für christliche und muslimische Studierende, die vom 2. bis 5. Juli 2009 im Heinrich-Pesch-Haus in Ludwigshafen stattfand. Veranstaltet wurde die Tagung von der Arbeitsgemeinschaft der Katholischen Hochschulgemeinden (AKH) und dem Bendorfer Forum, und sie wurde gefördert aus Mitteln des Bundesministeriums für Familie, Senioren, Frauen und Jugend sowie aus Mitteln der Georges-Anawati-Stiftung.

Die Tagung entstand auf Initiative des Bendorfer Forums. Mit dem Ziel, christliche und muslimische Studierende verstärkt in den Dialog zu bringen, wurde das Tagungskonzept von 2005 an von einem vierköpfigen christlich-islamischen Team entwickelt: dem damaligen Koblenzer Hochschulpfarrer Johannes Stein, dem Imam Abdelmalik Hibaoui, damals Leiter des Projekts „Interkulturelle Öffnung und Qualifizierung der islamischen Gemeinde in Stuttgart" und Lehrbeauftragter für islamische Theologie an der pädagogischen Hochschule Ludwigsburg-Stuttgart, sowie den damaligen Doktoranden Hussein Hamdan (Universität Tübingen) und Michael Hörter (Institut für Theologie und Frieden, Hamburg).

Die Tagung richtete sich an Studierende und Promovierende aller Fachrichtungen christlichen und muslimischen Glaubens, für die ihr Glaube ein wichtiger Teil ihrer Identität ist, die Interesse am interreligiösen Dialog haben und die die Gesellschaft auf der Grundlage ihres Glaubens und ihrer Dialogerfahrungen prägen und mitgestalten wollen.

Im Zentrum der Tagung steht die Arbeit an einzelnen Texten der Heiligen Schriften, mit denen sich methodisch und in unterschiedlichen Gruppenkonstellationen intensiv auseinandergesetzt wird, wodurch sich das Verstehen der eigenen und der anderen Religion vertieft. Seit 2006 haben jedes Jahr Dialogtagungen stattgefunden, denen dieses Konzept zugrunde lag.

Gewalt in den Texten

Nachdem die Tagung 2008 die „Wege zum Frieden in Christentum und Islam" zum Thema hatte, sollte dieses Mal mit der „Gewalt in Gottes Namen" die andere Seite der Medaille im Vordergrund stehen. Eine Gruppe Studierender und Promovierender aus ganz Deutschland hatte sich dazu angemeldet, um sich auf Gewalttexte aus ihrer religiösen Überlieferung und der der anderen Religion einzulassen. Dabei besaßen die Teilnehmenden, wie schon bei den vorangegangen Tagungen, eine enorme Bandbreite an kulturellen und konfessionellen Hintergründen, die den Dialog während der Tagung zusätzlich bereicherte.

Der Einstieg in die Thematik erfolgte über drei Leitfragen, zu denen die Teilnehmenden in religionshomogenen Gruppen ihre Gedanken zusammentrugen: Wo sehen wir Gewalt im Namen Gottes? Wo wird unseren Religionen Gewalt im Namen Gottes unterstellt? Welche Texte aus unseren Heiligen Schriften werden dabei herangezogen? So entstand ein erster Überblick über die tatsächliche vorhandene Gewalt mit religiösen Implikationen, über Gewaltvorwürfe in Geschichte und Gegenwart und über problematische Schriftstellen, die als gewaltschürend verstanden werden könnten.

Auch wenn jede der Stellen eine intensive Beschäftigung verdient gehabt hätte, so stand in den folgenden Einheiten die intensive Beschäftigung mit je einem Koran- und einem Bibeltext auf dem Programm, die das Leitungsteam schon vor der Tagung ausgewählt hatte: Dabei handelte es sich um die Koransure 2, 190-

194+216 sowie um Kapitel 31, 1-19+24 des biblischen Buches Numeri. Beiden Texten ist gemeinsam, dass darin Imperative enthalten sind, die sich an die gläubige Zuhörerschaft richten und sie offenbar zu Kampfeshandlungen auffordern. Die Auseinandersetzung mit den Texten erfolgte in Einzelarbeit, religionshomogenen Gruppen und religionsgemischten Gruppen. Bei der Beschäftigung mit den Texten ging es sowohl um kognitiv-sachliche Aspekte wie dessen Kontext, Übersetzungsfragen und semantische Fragen, aber auch um die Frage, wie wir als Glaubende mit dem jeweiligen Text (und der Tatsache seiner Existenz) umgehen können, und welche hermeneutischen Zugänge dazu zu finden sind.

Lernschritte

Für den Korantext gelang es der muslimischen Gruppe, den Text in einer Weise zu erschließen, dass kein Befremden mehr zurückblieb: Mit der Einordnung in die historische Situation, dem Hintergrund in den Kontext der Herabsendung, der Berücksichtigung der möglichen Wortbedeutungen und der verschiedenen Verwendungsweisen des Imperatives im Arabischen war es möglich, den Text in einer Weise zu verstehen, in dem er die Sprengkraft verliert, den er beim ersten Lesen noch hatte.

Mit dem Bibeltext gelangt dies nicht. Zwar ließen sich mit dem Hinweis auf den historischen Kontext und auf konkrete Zusammenhänge auch manche Spannungen auflösen, doch blieb das Problem bestehen, dass sich der Text und die Rolle Gottes in ihm nicht in Einklang mit den Gottesvorstellungen und Glaubensüberzeugungen der Teilnehmenden (in all ihrer Heterogenität) bringen ließen. Die Lernerfahrung war hier, dass es in unserer Tradition auch durchaus Texte geben kann, die trotz intensivster Beschäftigung sperrig und befremdend bleiben. Die Beschäftigung machte dabei auch unterschiedliche hermeneutische Zugriffe sichtbar.

Die Diskussion zu diesen Fragen wurde später in einem zweigeteilten Plenum fortgesetzt. In diesem Plenum wurden die offen gebliebenen Fragen aus den Textarbeitseinheiten diskutiert, aber auch im Hinblick auf weiterführende hermeneutische Fragen und im Hinblick auf Fragen zum Umgang mit der Gewaltproblematik in unseren religiösen Traditionen über diese hinausgegangen.

Den Abschluss des thematischen Teils bildete ein Rollenspiel in Form einer Podiumsdiskussion zum Tagungsthema. Dabei zeigte sich, wie leicht man bei Diskussionen zu dieser Thematik durch pauschale Argumente in die Defensive gedrängt werden kann und wie schwierig es ist, ein positives und differenziertes Bild von der eigenen Religion zu vermitteln und offensiv zu vertreten. So wurde ersichtlich, dass die Auseinandersetzung mit dieser Thematik weiter wichtig bleibt. Die inhaltliche Arbeit bei der Tagung hat die Dialog- und Vermittlungskompetenz der Teilnehmenden im Hinblick auf das Tagungsthema gleichwohl sichtbar gefördert.

Begegnung – nicht nur mit Worten

Neben der inhaltlichen Arbeit zum Tagungsthema wurden durch die Tagung auch weitere Begegnungsräume eröffnet, was Teil der Tagungskonzeption ist: Wichtiger Bestandteil der Tagung sind die Gottesdienste und Gebete, zu denen sich die Glaubensgemeinschaften gegenseitig einladen. Freitagspredigt und Freitagsgebet sowie die Eucharistiefeier am Sonntag fanden jeweils im Tagungshaus im Rahmen des Programms statt, genauso wie die verschiedenen Gebete der Religionen zu den Tageszeiten. Zudem wurden in Mannheim die DITIB-Moschee und die Katholische Hochschulgemeinde besucht. Auch das Zusammensein bei Tisch oder in den Pausen sowie gemeinsame Freizeitaktivitäten wie Sport und Musik ergaben sich und sind ein wichtiger Teil der Tagungskonzeption, die auf Begegnung in sämtlichen Lebensvollzügen ausgerichtet ist und von den Teilnehmenden auch und gerade deswegen als besonders intensiv erlebt wurde.

Und die Begegnung geht weiter

Aktuell arbeitet das Bendorfer Forum daran, diese Tagungsreihe zur Beschäftigung mit den heiligen Texten mit neuen Partnern wieder aufzunehmen, um sie möglicherweise – ähnlich wie die anderen Tagungsformate – fest zu etablieren. Auch die anderen erwähnten Veranstaltungen finden weiterhin jedes Jahr statt – und freuen sich immer auf neue (und genauso auf bekannte) Gesichter. Vielleicht schauen Sie ja mal bei uns vorbei, denn Begegnung verändert – machen Sie mit! Informationen zu unseren Veranstaltungen erhalten Sie über unsere Website www.bendorferforum.de und über unseren E-Mail-Infoletter, der über die Website abonniert werden kann.

Literatur:

Hamdan, Hussein / Rothe, Heinrich Georg 2014: Christlich-muslimische Akteure. In: Meißner, Volker u.a. (Hg.): Handbuch christlich-islamischer Dialog. Grundlagen – Themen – Praxis – Akteure. 416-417.

Hörter, Michael 2009: Gewalt in Gottes Namen! Wie gehen wir mit der Gewalt in unseren Religionen und in unseren Heiligen Schriften um? Bericht zur Begegnungs- und Dialogtagung für christliche und muslimische Studierende zur Beschäftigung mit Bibel und Koran (Ludwigshafen, 2.-5. Juli 2009) (2009). In: CIBEDO-Beiträge zum Gespräch zwischen Christen und Muslimen 2009:4, 163-164.

Koeppler, Daniela 2010: „Zelte der Begegnung". Geschichte und theologische Bedeutung der „Ständigen Konferenz von Juden, Christen und Muslimen in Europa" und der „Internationalen Jüdisch-Christlichen Bibelwoche", Frankfurt a.M.

Mehlhorn, Annette 2009: Engel beherbergen. Interreligiöse Gastfreundschaft. Erfahrungen aus den Bendorfer Begegnungen. In: Pithan, Annabelle u.a. (Hg.): Gender – Religion – Bildung. Beiträge zu einer Religionspädagogik der Vielfalt, Gütersloh, 434-439.

Arbeitskreis Muslime und Christen im Bonner Norden – Anne Tilian und Winfried Semmler-Koddenbrock

Ein kurzer Blick auf Entstehung und erste Entwicklungen

 Im Januar 2003 wurde der „Arbeitskreis Muslime und Christen im Bonner Norden" gegründet. Vorausgegangen waren in den Jahren zuvor zunächst getrennte Kontakte einer evangelischen und einer katholischen Kirchengemeinde zu Muslimen vor Ort und ein daraus entstandener Ökumenischer Arbeitskreis der beiden Kirchengemeinden für den Dialog mit Muslimen.

Nach den Terroranschlägen vom 11. September 2001 entschlossen sich die Verantwortlichen der christlichen und muslimischen Gemeinden zur Intensivierung und Strukturierung dieser Dialogarbeit. Es sollte eine Plattform geschaffen werden für Begegnung, Kennenlernen, Voneinander-Lernen, um so Verständnisbarrieren, Vorurteile und Ängste abzubauen. Nicht von ungefähr entstand die Initiative im Norden Bonns. In den dortigen Stadtteilen lebt ein hoher Anteil von Menschen mit Wurzeln aus vielen verschiedenen Ländern und häufig muslimischer Religionszugehörigkeit.

Zwei Monate nach der Gründung wurden Grundlagen und Ziele des Arbeitskreises festgelegt und drei Arbeitsgruppen mit festen inhaltlichen Aufgabenstellungen gebildet.

Kontakte wurden intensiviert, neue Kontakte geknüpft, u. a. zur Stadt Bonn, zu den christlichen Bildungseinrichtungen, zu weiteren Moscheegemeinden.

Die Gründungsabsichten trugen bald erste Früchte. Menschen mit unterschiedlicher kultureller und religiöser Prägung wurden vertrauter miteinander, trafen sich auch privat, manche wurden Freunde.

Diese Erfahrungen wirkten auch hinein in interreligiöse Kontakte von Kindern und Jugendlichen in der Gemeindearbeit und in einer Schule, an der sich der Arbeitskreis in einem Projekt zur Wertschätzung und zum Respekt gegenüber anderen Religionen und Kulturen beteiligte. In einer Moschee des Verbandes Islamischer Kulturzentren (VIKZ) baute der Arbeitskreis eine Hausaufgabenhilfe auf, für die inzwischen die Moschee selbst die Trägerschaft übernommen hat.

Die Aktivitäten wurden in Bonn wahrgenommen und aus dem etwas sperrigen Namen „Arbeitskreis für Muslime und Christen im Bonner Norden" wurde bald das zunächst nur intern genutzte „MuChri".

Die Ziele des Arbeitskreises

in der überarbeiteten und bis heute gültigen Fassung vom November 2007

Information und Dialog

- Erfahrungsaustausch und Information zu Unterschieden und Gemeinsamkeiten in Religion und Kultur
- Religiösem Brauchtum und religiösen Festen
- Verständnis fördern durch Erklärung und Aufklärung
- Vorurteile gegenseitig abbauen helfen
- Bewusstsein für Toleranz und Akzeptanz stärken
- Sich persönlich begegnen in Fragen des Glaubens und gläubigen Lebens und dadurch den Glauben des Anderen besser kennen lernen
- Ansprechpartner bei Sachfragen und Problemen stellen oder vermitteln

Integration

- Gemeinsames Verständnis von Integration suchen
- Integration durch gegenseitiges Kennenlernen
- Integration durch Abbau von Konflikten und soziale Akzeptanz
- Begegnung auf Augenhöhe
- Gleichberechtigung von Muslimen bei uns unterstützen
- Friedliches und unverkrampftes Zusammenleben fördern
- Bildung fördern und vermitteln

Nachbarschaft und Alltagsfragen

- Sich in der Nachbarschaft wahrnehmen, begegnen und unterstützen
- Probleme aufgreifen
- In Konflikten im Viertel vermitteln
- Stellung beziehen gegen Unrecht und Missstände

Struktur, Kontakte und Kooperationen

Der Arbeitskreis hat bewusst nicht die Vereinsform für sich gewählt, um strukturell und arbeitsmethodisch flexibler handeln zu können.

Koordiniert wird die Arbeit von einer **Steuerungsgruppe**, die auch die Themen der internen Treffen des Arbeitskreises festlegt und die Finanzen verwaltet. Die Außenvertretung liegt bei einem christlich-muslimischen Sprecherduo.

Derzeit bestehen darüber hinaus zwei feste Arbeitsgruppen. Die **AG „Information und Dialog"** ist zuständig für Inhalte und Planung der Bildungsarbeit, die **AG „Feste und Begegnung"** organisiert die MuChri-eigenen Feste, die Beteiligung des Arbeitskreises an Festen anderer Träger, z. B. der Stadt Bonn, und Besuche und Begegnungen an religiösen Stätten beider Religionen, z. B. Osmanische Herberge und Bonner Münster.

Im Laufe der Jahre konnte die Anzahl der Partner vergrößert werden. Es entstanden Kontakte mit vertrauensvollem Austausch und punktueller Zusammenarbeit zum Bonner Rat der Muslime, zum Integrationsrat der Stadt Bonn, zu Schulen im Bonner Norden, zum Interreligiösen Dialogkreis Bad Godesberg im Bonner Süden, zur Interkulturellen Fraueninitiative für Bildung und Erziehung und zu einem Projekt für Migrationsforschung und interkulturelles Lernen.

Über die „Stabsstelle Integration der Bundesstadt Bonn" ist MuChri intensiv eingebunden in die städtische Integrationsarbeit.

Obwohl der Arbeitskreis finanzielle Unterstützung der Stadt Bonn erhält, lässt sich qualitativ hochwertige Bildungsarbeit nur mit Kooperationspartnern realisieren. Hier hat sich die langjährige Zusammenarbeit mit dem evangelischen und dem katholischen Bildungswerk in Bonn bewährt.

Angebote, Aktionen und Inhalte

Gemäß seiner Zielbeschreibung wurden vom Arbeitskreis Möglichkeiten geschaffen zu Begegnung und Austausch über Alltagsfragen, zu Information über Religionen und Kulturen und zu Dialog und Diskussion über politische, soziale und theologische Entwicklungen. Über die Zeit wurden so viele Themen behandelt, dass im Folgenden nur einige exemplarisch genannt werden können.

Der **„große AK"**, das interne Treffen des Arbeitskreises, findet drei- bis viermal jährlich statt. Hier werden hauptsächlich Themen und Fragen aufgegriffen, die im Alltag bewegen. Die Referenten rekrutieren sich in der Regel aus den Reihen des Arbeitskreises.

Die Erfahrungen kopftuchtragender Musliminnen wurden mehrmals thematisiert auf dem Hintergrund politischer und juristischer Veränderungen in Deutschland. Über einen längeren Zeitraum haben sich Christen und Muslime gegenseitig die Bedeutung ihrer wichtigsten religiösen Feste vorgestellt und erzählt, wie sie in Familie und Gemeinde gefeiert werden. Die Frage nach der religiösen Praxis im Alltag und deren Sichtbarkeit brachte die christlichen MuChri-Mitglieder durchaus in Erklärungsnot, denn den fünf islamischen Pflichtgebeten pro Tag hatten sie nichts ähnlich deutlich Erkennbares entgegenzusetzen. Dafür entdeckten Muslime beim Besuch einer Benediktiner-Abtei in der Region erfreuliche Parallelen zwischen der Tageseinteilung der Mönche nach festen Gebets-, Andachts- und Gottesdienstzeiten und ihrer eigenen täglichen Gebetspraxis. In jüngster Zeit beschäftigte den großen AK vor allem die Sorge muslimischer Eltern vor der Gefahr der Radikalisierung ihrer Kinder durch extremistische und gewaltbereite Gruppierungen.

In **Seminarreihen** in Zusammenarbeit mit dem Evangelischen Forum und dem Katholischen Bildungswerk werden – z. T. mit hochrangigen Referenten – theologische, politische und kulturelle Themen angeboten. Waren es zunächst grundlegende Informationen über die verschiedenen Strömungen der Bibel- und Koran-Hermeneutik oder die unterschiedlichen Ausprägungen von Islam und Christentum durch die Jahrhunderte, reagieren die Verantwortlichen zunehmend auf globale Ereignisse und Veränderungen, um Motive und Hintergründe kritisch zu beleuchten. Das spiegelt sich wieder in Themen wie „Meinungsfreiheit, Blasphemie und Toleranz – der Streit um Karikaturen", „Der Arabische Frühling und seine Auswirkungen", „Salafismus – zurück zu den Wurzeln des Islams?" oder „Rechter Terror in Deutschland – eine Geschichte der Gewalt".

Einmal im Jahr feiert MuChri ein **Sommerfest** mit Spielen und Quizrunden für Groß und Klein und natürlich mit wohlschmeckenden Speisen und Getränken. Längst haben die christlichen MuChri-Mitglieder türkische und arabische Köstlichkeiten zu schätzen und selber zuzubereiten gelernt, bei muslimischen Familien stehen deutsche Kuchen und Torten hoch im Kurs und werden selbst bei Festen rund um die Moscheen angeboten.

Der Austausch der Koch- und Backrezepte findet oft statt beim **Frauencafé** des Arbeitskreises, bei dem auch die Ergebnisse verköstigt werden. Erfreulicherweise kommen zum Café auch die älteren Musliminnen trotz ihrer meist geringen Deutschkenntnisse. Töchter und Enkelinnen fungieren ganz selbstverständlich als Dolmetscherinnen, und der gemeinsame Genuss kommt sowieso ohne Sprache aus. Die Koordinatorinnen des Cafés greifen die Wünsche der Teilnehmerinnen auf, z. B. nach Kirchenbesichtigungen oder Berichten über das Leben in der ländlichen Türkei.

MuChri beteiligt sich an **Stadtteilfesten** in Bonn-Nord und 2015 erstmalig am großen **„Kultur- und Begegnungsfest der Stadt Bonn"**.

Ebenfalls jährlich findet ein themenorientiertes **muslimischchristliches Gebetstreffen** statt, das überwiegend mit Beiträgen von Kindern und Jugendlichen aus den Kirchen- und Moscheegemeinden und diversen Schulen gestaltet wird. Die jungen Akteure beschäftigen sich in der Vorbereitung intensiv mit der jeweiligen Thematik.

Die rechtsgerichtete „ProNRW" Bewegung hat in den letzten Jahren gleich zweimal zu antiislamischen Aufmärschen in Bonn aufgerufen, die bewusst an der im Bau befindlichen Moschee der DITIB-Gemeinde vorbeiführten. Ein großes Aktionsbündnis, zu dem auch der Arbeitskreis gehörte, reagierte mit einem bunten und lauten **Fest rund um die Moschee**, das sehr viel mehr Aufmerksamkeit erfuhr als die Handvoll „ProNRW" Anhänger.

Mit den genannten Veranstaltungen und Aktionen werden natürlich nicht immer alle MuChri-Interessierten erreicht. Dazu sind die Ansprüche und Erwartungen an die potenziell Teilnehmenden zu unterschiedlich. Zunächst stellte sich das den MuChri-Verantwortlichen als Problem dar, man bemühte sich um Lösungen. Inzwischen besteht größere Akzeptanz, dass immer nur einzelne Zielgruppen angesprochen und ähnliche Bedarfe abgedeckt werden können. Damit liegt das Augenmerk auf der Erhaltung der Angebotsvielfalt.

Zwei Highlights und eine konkrete Herausforderung

Stellvertretend für eine Reihe von Projekten und Aktionen seien hier drei anschaulich beschrieben.

„Christentum begegnet Islam" -Muslimisch-christliche Türkei-reise 2008

Im Gespräch zwischen dem ersten muslimischen Sprecher des Arbeitskreises, Haluk Yildiz, und mir, Winfried Semmler-Koddenbrock, damaliger christlicher Sprecher, und unseren Ehefrauen kam es zu der Idee, eine muslimisch-christliche Reise in die Türkei zu organisieren. Haluk Yildiz war früher Organisator und Führer für christliche Reisegruppen in der Türkei und konnte seine Kontakte für die Planung nutzen. So konnten wir die Begegnungs-Reise gezielt auf unsere Bedürfnisse zuschneiden und mit einer großen Gruppe aus Bonn aufbrechen.

In den 15 Tagen waren wir im Süden der Türkei und in Istanbul unterwegs. Wir waren beim Gebet der Muslime in der Moschee dabei und sprachen mit dem Imam, wir besuchten christliche Gemeinden und waren im „garden of tolerance". Dort wurden in der Nähe von Antalya vor einiger Zeit nebeneinander auf einem Grundstück eine Synagoge, eine Kirche und eine Moschee erbaut. In unseren Begegnungen erfuhren wir etwas über das religiöse Leben der Muslime und die Situation christlicher Gruppen im Land: Die rechtliche Situation der religiösen Minderheiten ist trotz wichtiger Fortschritte in den letzten Jahren noch deutlich ungenügend. Damals wurden gerade 20 Christen im Osten der Türkei wegen ihrer Religionsausübung kurzfristig verhaftet. Zugleich erzählte uns Monsignore Rainer Korten, der kath. Pfarrer der deutschen Gemeinde in Antalya, wie mit gutem Willen informelle „türkische

Lösungen" gesucht und teilweise gefunden werden, damit die Kirche leben kann.

Die interreligiöse Studienreise war auch eine persönliche und spirituelle Pilgerreise: Wir begegnen der „anderen" Religion in der Türkei ebenso wie innerhalb der eigenen Reisegruppe. Was glaube ich eigentlich? Was will ich davon den anderen zeigen? Die Begegnung mit der fremden Religion macht das Eigene klarer. Sie lässt den Reichtum wie das Befremdliche der anderen Religion entdecken. Fremd sind für die Christen die vielen Regeln der Muslime (Gebete, Speisen, Alkoholverbot ...), für die Muslime ist es der christliche Glaube an den dreieinen Gott. Christus, der Sohn Gottes, als der Weg zu Gott – oder Muhammad als das letzte Siegel der Propheten? Vereinnahmt der Anspruch des christlichen Glaubens die Muslime und umgekehrt? Es musste erst Vertrauen wachsen, dass die eigene Glaubenssicht die Mitglieder der anderen Religion nicht mit definiert und dass jede/r so sein darf, wie sie oder er ist. Es gab viele spannende Gespräche kreuz und quer.

Es war eine spirituelle Reise u. a. durch kurze Morgenimpulse, die von vielen Teilnehmenden gestaltet wurden. Mein evangelischer Kollege, Pfarrer Ulrich Thomas, und ich haben diesen spirituellen Faden der Reise vorbereitet und geleitet. In Antakya erlebten wir ein positives Beispiel des interreligiösen Dialoges. „Dort unterhält man sich über die Themen einfach, ohne dass eine Glaubensrichtung sich rechtfertigen muss", stellte Hülya Dogan, spätere muslimische Sprecherin des Arbeitskreises, fest.

Eine berührende Erfahrung war für mich in Pamukkale das Dabeisein beim Gebet der Muslime am ersten Bayram-Tag, dem ersten Festtag zum Abschluss des Fastenmonats Ramadan. Es war ein Gefühl von Solidarität, in aller Frühe gemeinsam in die Moschee zu gehen, in der die Muslime dicht gedrängt ihre Gebete miteinander verrichteten.

Beeindruckend war die türkische Gastfreundschaft, die wir überall erlebten, am eindrücklichsten in zwei Dörfern beim Besuch von Verwandten von türkischstämmigen MuChri-Mitgliedern. So konnten wir etwas vom Alltagsleben und der Herzlichkeit der Menschen in der Türkei spüren. Die starken gemeinsamen Erfahrungen der Reise schufen ein Netz der Verbundenheit und Vertrautheit für unsere weiteren Begegnungen in Bonn.

Engel der Kulturen beim Fest der deutschen Einheit 2011 in Bonn

Bei drei Anlässen gab es auch eine Zusammenarbeit über den muslimisch-christlichen Dialog hinaus mit der jüdischen Bonner Synagogengemeinde. Eine war die Aktion des „Engels der Kulturen" beim bundesweiten Tag der deutschen Einheit in Bonn.

Der Engel der Kulturen ist ein Edelstahlring von ca. 1,60 m Durchmesser des Künstlerpaares Gregor Merten und Carmen Dietrich, der durch viele Städte in Deutschland und Europa gerollt wird. Auf dem Ring sind als Symbole für die drei abrahamitischen Religionen ein Stern, ein Kreuz und ein Halbmond angedeutet.

In dieser kreisförmigen Anordnung wird deutlich: keine Gruppe kann herausgelöst werden, ohne dass erkennbar alle anderen mit beschädigt werden. Ein kleinerer Stahlring, mit blauem Beton gefüllt, wird in jeder besuchten Stadt an geeigneter Stelle dauerhaft in den Boden eingelassen. Aus den übrigbleibenden Innenstücken soll in Jerusalem eine Säule errichtet werden, die die Religionen verbindet.

Diese Aktion in ihrer anschaulichen Symbolik war sehr geeignet gerade auch junge Leute zu beteiligen und interreligiöse Zusammenarbeit erlebbar zu machen. Mehrere Schulen und junge Gruppen der beteiligten Religionen bereiteten Stationen an den einzelnen Gotteshäusern vor, an denen wir dann mit dem Engel der Kulturen vorbeizogen.

Unterstützung bei Moscheebau-Plänen

Eine konkrete Herausforderung für unseren Arbeitskreis war der Widerstand in Teilen der Bevölkerung und der Politik gegen zwei Moscheebauprojekte. Die Moscheegemeinden Al Muhajirin und DITIB wollten Planungen für repräsentative, als solche auch erkennbare Moscheebauten verwirklichen, um endlich die Provisorien viel zu beengter Räume zu verlassen.

Von Seiten MuChri's sowie von vier christlichen Gemeinden her veranstalteten wir Informations- und Dialogabende zu den Vorhaben und suchten Kontakte in die Politik. Wir setzten uns für das selbstverständliche Recht anderer Religionsgemeinschaften ein, angemessene Räume für Religionsausübung und für das Sozialleben zu haben. Eine unschöne Nebenwirkung dieses Einsatzes war eine Schmähkampagne einer rechten Internetplattform, die einen der Gemeindepfarrer in einer Mailflut übel verunglimpfte.

Die Hauptwirkung aber war, dass die Akzeptanz in der Nachbarschaft und in der Politik wuchs und beide Moscheegemeinden schließlich Baugenehmigungen erhielten. Die neue Al Muhajirin-Moschee ist inzwischen als schöner Bau fertiggestellt, die DITIB-Moschee in einem Teil schon in Betrieb. Beide Moscheen sind in das Netzwerk der Stadtviertel integriert bei Festen, in Arbeitskreisen oder in einem gemeinsam betriebenen sozialen Mittagstisch.

Heutiger Stand, Herausforderungen und die Grenzen des Machbaren

Heute arbeiten kontinuierlich 22 Frauen und Männer in den drei Arbeitsgruppen des Arbeitskreises. Darüber hinaus engagieren sich weitere Mitglieder punktuell bei Veranstaltungen, Aktionen und Projekten. Über den Verteiler werden rund 200 Interessierte erreicht und informiert.

Fast alle fest engagierten Mitglieder sind berufstätig und haben Familie. Dadurch werden der Realisierung von wichtigen und interessanten Aufgaben und neuen Ansätzen deutliche Grenzen gesetzt. Manch gute Idee bleibt erst einmal in der Schublade, wichtige Artikel und Bücher zur Dialogarbeit stapeln sich zunächst ungelesen und muslimisch-christliche Kontakte und Freundschaften können nicht so intensiv gelebt werden wie gewünscht. Die Mitarbeitenden bewegen sich oft zwischen dem Bedauern über das Nicht-Verwirklichte und der Freude über das Gelungene.

Besonderes Augenmerk gilt derzeit der besorgniserregenden Zunahme von Drohungen und Gewalt durch radikale rechtsgerichtete oder religiös motivierte Gruppierungen. In den Medien gilt Bonn als „salafistische Hochburg". Fakt ist, dass einige junge Bonner Muslime beim sog. „Islamischen Staat/IS" aktiv mitwirken oder als Zulieferer tätig sind. Auch in der örtlichen Presse wird darüber aus Sicht des Arbeitskreises einseitig berichtet, weil die vielen friedlichen und integrierten Muslime in der Stadt und deren Probleme und Ängste unerwähnt bleiben; die Angst, dass auch ihre Kinder und Enkel in den Sog der gewaltbereiten Gruppierungen geraten könnten und die berechtigte Sorge, dass generalisierend die Gewalt der radikalen Gruppierungen allen Muslimen und dem Islam schlechthin angelastet werden. Hier sieht MuChri seine Aufgabe in Aufklärung und Vermittlung von Hintergrundwissen. Darüber hinaus muss der Zusammenhalt von Christen und Muslimen vor Ort deutlich und öffentlich gemacht werden. Leider zieht die örtliche Presse an dieser Stelle nicht mehr mit.

Positiv zu vermelden ist, dass Bonn zu den Kommunen gehört, in denen ein Präventionsprogramm des Landes NRW erprobt wird. „Wegweiser" arbeitet vorbeugend und beratend gegen die Radikalisierung Jugendlicher und junger Erwachsener durch den gewaltbefürwortenden Salafismus. Mit diesem Projekt ist MuChri direkt personell verbunden, ein Mitglied der Steuerungsgruppe ist hauptamtlich als Berater bei „Wegweiser" tätig.

Wie schon von den ProNRW-Aufmärschen berichtet, gab es auch bei den Bonner Pegida-Demonstrationen im letzten Dezember ein zahlenmäßig erfreulich großes Gegengewicht. Das darf aber nicht darüber hinweg täuschen, dass in unserem Land Antiislamismus, Antisemitismus und genereller Hass auf Fremde zugenommen haben und auch in der Mitte der Bevölkerung salonfähig geworden sind.

Der langjährige Wunsch des Arbeitskreises auf trialogische Zusammenarbeit mit der konservativen Jüdischen Gemeinde in Bonn hat leider noch nicht so recht Früchte getragen. Zusammenarbeit gab es lediglich punktuell bei Aktionen mit vielen beteiligten Gruppierungen. Erstmalig konnte dieses Jahr in der Synagoge eine Veranstaltung unter christlich-islamisch-jüdischer Trägerschaft – ohne MuChri – zum Leben von Muslimen und Juden in Deutschland durchgeführt werden. Ein erstes zartes Pflänzchen, das viel Pflege brauchen wird, an der sich MuChri beteiligen möchte.

Kontakt

Abdlqalq Azrak
muslimischer Sprecher
abdlqalq@gmx.de

Anne Tilian
christliche Sprecherin
anne.tilian@arcor.de

www.muchri.de

„Wir bauen Brücken", eine christlich-islamische Dialogvereinigung – Christoph Henrichs und Dr. Katrin Vossoughi, Düsseldorf

Die MTO Shahmaghsoudi® Schule des Islamischen Sufismus® und die katholische Seelsorgeeinheit Düsseldorfer Rheinbogen sind Nachbargemeinden im Stadtteil Düsseldorf Wersten und bieten dort ein repräsentatives Beispiel für eine gute interreligiöse Verständigung und gegenseitigen Respekt.

Alles begann im Frühjahr 2010 mit einer Einladung der MTO Shahmaghsoudi® an die Seelsorgeeinheit Düsseldorfer Rheinbogen zum persischen Neujahrsfest Norous. Pfarrgemeinderatsmitglied Christoph Henrichs folgte dieser Einladung mit einer gewissen Neugierde, aber auch mit Skepsis.

Erfahren durfte er an diesem Tag eine herzliche Gastfreundschaft, wunderbare Menschen und schon an diesem Tag einen sehr respektvollen, neugierigen und offenen Dialog. Aus diesem Tag entwickelte sich eine sehr freundschaftliche Beziehung zwischen der MTO Shahmaghsoudi® und der Seelsorgeeinheit, die bis heute andauert. Man begegnet sich auf den Festen der Seelsorgeeinheit, Verbände und Familienkreise besuchen die MTO Shahmaghsoudi®, Sufi-Schüler besuchen Messen der Seelsorgeeinheit und nehmen regelmäßig am Pfarrfest teil. Zusammen mit Musikern der Seelsorgeeinheit wurden bei einem Workshop „Singen ohne Grenzen" den Teilnehmern die Sufi-Gesänge vorgestellt und beigebracht.

Als es darum ging einen Workshop zum Tag des christlich-islamischen Dialoges am 10. Mai 2014 in Krefeld zu gestalten, war es naheliegend, etwas Musikalisches zu planen. Grundidee war es einen Musikstil zu finden, den es in beiden Religionen gibt, so dass schließlich meditative Gesänge aus der Tradition der Taizé-Gesänge und des Gottesgedenkens Zekr ausgewählt wurden.

Zur Vorbereitung des Workshops trafen sich Musiker und Sänger der MTO Shahmaghsoudi® und des Chores Gaudete aus der Seelsorgeeinheit, um sich gegenseitig Lieder vorzustellen. Schon bei der ersten Probe stellte sich eine spirituelle Verbundenheit zwischen den Musikern und Sängern ein. Diese Verbundenheit war auf dem Workshop intensiv spürbar, wo auch die beiden Lieder aus Taizé von vielen Teilnehmern in Form des Sufi Gottesgedenkens gesungen und von den entsprechenden Körperbewegungen begleitet wurden.

Zurzeit werden neue gemeinsame Projekte zwischen MTO Shahmaghsoudi® und der Seelsorgeeinheit entwickelt, um den Austausch zu intensivieren und weiter in Düsseldorf für das friedliche Zusammenleben und -wirken von Christen und Muslimen zu arbeiten.

Vorstellung MTO

MTO Shahmaghsoudi® befindet sich seit dem Jahre 2000 in Düsseldorf. Sufis sind gläubige Muslime und leben nach den Säulen des Islams, wie dem täglichen Gebet und dem Fasten. Sie sind aber auch der Überzeugung, dass es keinen Zwang in der Religion gibt (Sure 2, Vers 256 aus dem heiligen Koran) und dass das einzige, was einen gottesfürchtigen Menschen ausmacht, seine Liebe und Hingabe zu Gott ist und nicht seine kulturelle oder religiöse Zugehörigkeit.

Die Hauptaktivität umfasst den regelmäßigen Gottesdienst, in dem über den Sufismus gesprochen gemeinsam gebetet und das Gottesgedenken „Zekr" abgehalten wird. Zekr ist die praktische Form des islamischen Prinzips der Einheit („tauhid"). Dabei werden Verse aus dem Koran oder aus Sufi-Gedichten rhythmisch rezitiert und von bestimmten Körperbewegungen begleitet. Daneben ist die MTO Shahmaghsoudi® Schule des Islamischen Sufismus® mit ihren weltweiten Standorten auch sehr aktiv im interreligiösen Dialog sowie in der Kultur- und Jugendarbeit.

Vorstellung Seelsorgeeinheit

Seit 2008 gibt es die katholische Seelsorgeeinheit Düsseldorfer Rheinbogen. Sie befindet sich im Süden Düsseldorfs und besteht aus dem Zusammenschluss der Gemeinden St. Maria Rosenkranz und St. Maria in den Benden in Düsseldorf Wersten, St. Josef in Düsseldorf Holthausen, St. Hubertus in Düsseldorf Itter und St. Nikolaus in Düsseldorf Himmelgeist. Im Gemeindegebiet leben ca. 16.000 Katholiken. Die Gemeinde bietet eine Vielzahl an kirchenmusikalischen und liturgischen Angeboten und versucht mit einer soliden Glaubensverkündigung Antworten für die Menschen in einer sich stetig wandelnden Gesellschaft zu finden.

Mehr Informationen über uns erhalten Sie unter

- www.duesseldorf.mto.org
- www.meinegemein.de
- www.gaudete.net

Gelungener Dialog – Horst Graebe, Verein für christlich-islamische Begegnung Ruhr, Essen

Projekt Gemeindebegegnung

Im Essener Stadtteil Kray gibt es drei Gotteshäuser, die je etwa 300 Meter voneinander entfernt sind: die evangelische Alte Kirche, die katholische St.-Barbara-Kirche und die Yavuz-Sultan-Selim-Moschee. Die Kirchen wurden Ende des 19. (St. Barbara) bis Anfang des 20. Jahrhunderts erbaut. Das Gebäude der Moschee ist noch älter, es handelt sich nämlich um den ehemaligen, 1887 erbauten Bahnhof Kray-Nord, der 1998 von der Bahn an die türkische Ditib-Gemeinde verkauft wurde. Mit großem Engagement und viel Eigenleistung hat die Gemeinde nicht nur schöne, mit Fliesen aus Kütahya ausgestattete Gebetsräume mit den dazu gehörigen Nebenräumen geschaffen, sondern auch noch einen großen Gemeindesaal und eine Wohnung für den Imam.

Die älteren Gemeindemitglieder waren in den 60er Jahren als „Gastarbeiter", wie man damals sagte, gekommen, hatten im Bergwerk gearbeitet und sind jetzt Rentner. Kontakte zu einheimischen Deutschen gibt es kaum; man lebt friedlich-freundlich, aber doch mehr oder weniger gleichgültig nebeneinander her.

Ende 2001 kam ein neuer Gemeindereferent in die Pfarrgemeinde St. Barbara. Schon bei einem ersten Treffen mit dem neuen Mitarbeiter äußerten Gemeindemitglieder den Wunsch, mehr über die türkischen Mitbürger und insbesondere über die Moschee in ihrem Stadtteil zu erfahren. Man nahm Kontakt mit dem Vorsitzenden des Vereins für christlich-islamische Begegnung e. V. auf, und dieser organisierte einen ersten Besuch in der Yavuz-Sultan-Selim-Moschee. Vor dem Besuch informierte er die Interessierten, da sich eine gewisse Scheu gezeigt hatte, über Grundzüge des Islams und das Verhalten in einer Moschee.

Anfang 2002 besuchte die Gemeinde St. Barbara unter seiner Leitung zum ersten Mal die Moschee. Hier hatte gerade erst vor wenigen Tagen ein neuer Hodscha, frisch aus der Türkei gekommen, seinen Dienst angetreten. Der Besuch der Gruppe war seine erste Begegnung mit Deutschen. Obwohl er noch kein Deutsch verstand, war er offen und aufgeschlossen und machte gemeinsam mit dem Leiter der Gruppe die Führung. Diesem Besuch folgte schon zwei Wochen später der zweite, denn wegen der großen Nachfrage mussten zwei Gruppen gebildet werden. Die Teilnehmenden waren angetan von der herzlichen Gastfreundschaft, mit der sie empfangen wurden. Alle Einzelheiten wurden gezeigt und erklärt: Der Gebetsraum für die Männer, in dem auch über Grundlagen islamischen Lebens berichtet wurde, und der entsprechende Raum für die Frauen, die Waschräume, die Unterrichtsräume und schließlich die Cafeteria, in der die Frauen der Gemeinde ein typisch türkisches Essen für die Gäste vorbereitet hatten.

Nicht nur viele Deutsche sind eher zurückhaltend, wenn es um einen Moscheebesuch geht, auch Türken betreten nicht ohne Weiteres eine christliche Kirche. Daher waren die türkischen Gemeindemitglieder zwar seit mehr als 30 Jahren an den Kirchen vorbeigegangen, hatten sie aber noch nie von innen gesehen. Jetzt bot sich dem Pfarrer die Gelegenheit zu einer Einladung, die man schon aus Höflichkeit nicht ablehnen konnte. Ein Gegenbesuch der muslimischen Gemeinde in der Kirche St. Barbara wurde noch am gleichen Abend vereinbart. Die Muslime waren sehr daran interessiert, die Kirche auch von innen kennenzulernen. Die Bildfenster und die Schnitzaltäre der neugotischen Kirche fanden großes Interesse, wobei ein Kirchenführer in türkischer Sprache hilfreich war, den der Vereinsvorsitzende eigens für diesen Besuch erstellt hatte. Fasziniert lauschten die Besucher den Klängen der Orgel; ein solches Instrument hatten sie vorher weder gehört noch gesehen. Für die Gastgeber war es ein ungewohntes, aber sympathisches Bild, die vielen Frauen mit ihren bunten Kopftüchern unter den Besuchern zu sehen.

Nach der Kirchenführung ging es in den Gemeindesaal, wo die katholischen Frauen ebenfalls ein schmackhaftes Essen – natürlich unter Beachtung der islamischen Speisegebote – angerichtet hatten. Nach kurzem Zögern und Ermunterung durch die Gemeindeleitung kamen sehr bald lebhafte Gespräche zwischen den Gästen und den Gastgebern zustande, wobei auf beiden Seiten die Frauen besondere Aktivität zeigten.

Die Gemeindebesuche wurden dann halbjährlich im Wechsel zwischen Kirche und Moschee fortgesetzt, wobei sich schon bald die evangelische Gemeinde beteiligte. Bei der Themenwahl ging es zunächst um Grundinformationen über den eigenen Glauben, in der Moschee vorgetragen vom Hodscha, in den kirchlichen Räumen von einem Pfarrer oder einer Pfarrerin, jeweils in einfacher Sprache und mit Übersetzung in die andere Sprache. Die Vorträge bewegten sich meist im Rahmen einer halben Stunde; danach wurde diskutiert. So entwickelte sich ein ergiebiger „Dialog an der Basis". Das gemeinsame Essen leitete dann über zu der informellen Begegnung der Angehörigen verschiedener Gemeinden. Damit wurde ein wichtiges Ziel erreicht: Die Menschen unterschiedlicher Herkunft lernten einander kennen, verstehen und schätzen.

Zuerst wurden Themen behandelt, die vor allem die Deutschen interessierten: „Ehe und Familie im Islam", „Die Stellung der Frau im Islam", „Sterben, Tod und Auferstehung im Islam". Schon bald zeigte es sich, dass es besonders günstig wäre, bei zwei aufeinander folgenden Veranstaltungen jeweils dasselbe Thema aus christlicher und aus muslimischer Sicht zu behandeln. Es folgten Themen wie: „Was bedeutet Abraham für die Muslime/Christen?", „Grundsätze des christlichen/muslimischen Glaubens", „Feste und Feiern der Christen/Muslime", „Die Bedeutung der Propheten in der Bibel/im Koran". Bewährt hat sich das Verfahren, dass die jeweiligen Gäste einige Wochen vor der Veranstaltung das Thema bestimmen können. So wünschte sich die türkische Gemeinde etwa die Themen: „Woran Christen glauben" oder „Was bedeutet Maria für die Christen?" Die christlichen Gemeinden wollten bei einer

Veranstaltung über „Soziale Gerechtigkeit im Islam" informiert werden.

Bei diesen Gemeindebegegnungen konnte man manche Überraschung erleben. So entwickelte sich an dem Gespräch im Anschluss an das „Maria"-Thema zur allseitigen Verwunderung ein besonders lebhaftes Gespräch, an dem sich in ungewohntem Umfang die sonst eher zurückhaltenden muslimischen Frauen beteiligten. Sie erzählten, dass auch sie Maria sehr verehrten und dass es im Islam zahlreiche Gebete zu Maria gäbe. Hier waren wir also auf eine bis dahin unbekannte Gemeinsamkeit gestoßen.

Zwar ging es zunächst darum, möglichst Gemeinsamkeiten von Christentum und Islam aufzuzeigen, doch wurden von Anfang an auch kontroverse Themen nicht ausgespart. In dem Vortrag über Grundlagen christlichen Glaubens ging der referierende katholische Pfarrer natürlich auch auf die Person Jesu ein. Eine sehr rege Diskussion schloss sich an, wobei die Frage nach der Person Jesu Christi (Sohn Gottes oder Prophet?) eine besondere Rolle spielte. Es war erfreulich und ermutigend zu sehen, wie respektvoll die Diskutierenden miteinander umgingen. Niemand behauptete, der o-der die andere sei im Unrecht oder im Irrtum; die einander widersprechenden Aussagen blieben als Spezifika des jeweiligen Glaubens so stehen. „Gewiss, dein Herr wird am Tag der Auferstehung zwischen ihnen über das entscheiden, worüber sie uneinig waren." (Sure Yunus (10), 93)

Das Ziel, gegenseitige Achtung zwischen Menschen unterschiedlichen Glaubens durch bessere Information, Beseitigung von Missverständnissen und näheres Kennenlernen zu fördern, wurde bei allen Veranstaltungen mit bedacht. Inzwischen hat es zwei Wechsel im Amt des Vorbeters gegeben, doch alle drei Hodschas unterstützten unser Bemühen um Begegnung, Kontaktaufnahme und Dialog. In der letzten Veranstaltung, im Juni 2013, in der es um die Propheten ging, hatte der jetzige Hodscha eine besonders interessante Argumentation: „Wie für den Islam, so muss es auch eins der Grundprinzipien der anderen Religionen sein, keinen Unterschied zwischen den Propheten zu machen, sie nicht zu beleidigen und die an sie glaubenden Menschen nicht zu kränken. Ich kann mir keine Religion vorstellen, die die Werte herabsetzt, an die Menschen glauben, oder die Beleidigungen zulässt.", sagte er. Aus dieser Sicht erhalten die Propheten auch in der Christenheit eine neue Dimension: Friede zwischen den Religionen aus Achtung vor den Propheten.

Das Projekt „Gemeindebegegnung" ist im Laufe der Zeit fast zu einem Selbstläufer geworden. Beide Seiten, die christliche wie die muslimische, legen Wert auf die Fortsetzung. Auch außerhalb der eigentlichen Dialogveranstaltungen gibt es gemeinsame Aktionen, wobei vor allem die Frauen besondere Initiativen entwickeln. Der christlich-islamische Verein hat dabei moderierende Funktion und besorgt die notwendigen Übersetzungen.

So gab es im evangelischen Gemeindesaal ein „Erzählcafé", bei dem die Frauen der drei Gemeinden über das Thema „Aussteuer" sprachen. Zahlreiche Teilnehmerinnen hatten ihre Schätze aus alter Zeit mitgebracht: Paradekissen, gehäkelte und gestickte Tischdecken, Tagesdecken für die Betten, gestickte Vorhänge für Handtuchhalter, gestickte Schürzen und Wandbehänge und viele andere Handarbeiten. Besondere Bewunderung erregten die kunstvollen Stickereien der muslimischen Frauen. Neben Handarbeiten für den Haushalt gab es schöne Kopftücher und Gebetstücher, die man anstelle eines Gebetsteppichs auslegt.

Die Krayer Frauen erzählten aus der Zeit, als sie sich durch das Sammeln der Aussteuer auf die Hochzeit vorbereiteten. Für die meisten war es die Zeit kurz vor oder nach dem Kriegsende, also eine Zeit großer Not und voller Entbehrungen. Essen war weitgehend zerstört, viele Menschen litten Hunger und Tausende von Flüchtlingen kamen aus dem Osten in die Stadt und mussten untergebracht werden. Die meisten türkischen Frauen hatten noch nie etwas aus dieser Zeit gehört und stellten interessierte Fragen. So kamen bald Gespräche an den Tischen zustande, und auch diese Begegnung brachte die Menschen einander näher.

Ganz selbstverständlich sind die Muslime in die Stadtteilarbeit eingebunden. Sie nehmen an Straßenfesten und ähnlichen Veranstaltungen teil und laden selbst zu ihren Gemeindefesten ein. Als im Jahre 2012 eine rechtsextreme Partei vor der Moschee demonstrieren wollte, zeigten viele Deutsche ihre Solidarität, indem sie sich in der Moschee und um sie herum versammelten. Der interreligiöse Dialog an der Basis erweist sich so auch als ein wichtiger Baustein in einer erfolgreichen Integrationspolitik.

Friedensgebet verbindet

E s war ein ungewöhnlicher und eindrucksvoller Anblick: Als Marie-Luise Overbeck, Pfarrerin der Alten Kirche zu Alten-essen, am Sonntagnachmittag gemessenen Schritts in ihre Kirche einzog, folgten ihr ein arabischer, ein bosnischer und ein türkischer Imam und den Abschluss der Gruppe bildeten Pastor Braun von der katholischen Gemeinde St. Hedwig und sein Kollege Gerhard-Kemper von der evangelischen Kirche an der Hövelstraße. In ihren liturgischen Gewändern nahmen sie Platz gegenüber den Teilnehmern aus den verschiedenen Gemeinden, die die Kirche bis fast auf den letzten Platz füllten, ein buntes Bild: Männer mit heller oder dunkler Hautfarbe, Frauen in langen und kurzen Röcken, mit oder ohne Kopftuch saßen nebeneinander. Die christlichen und die muslimischen Gemeinden des Stadtteils hatten sich zusammengetan, um ein Friedensgebet auszurichten und anschließend einen Tag der Begegnung zu feiern. Dabei wurden sie unterstützt vom Verein für christlich-islamische Begegnung, der seit vielen Jahren den Dialog zwischen Christen und Muslimen pflegt. Sie hatten das Thema gewählt: „In der Fremde Heimat finden".

Gemeinsamkeiten in Bibel und Koran

Aufmerksam folgten die Zuhörer der Lesung eines Abschnitts aus dem Alten Testament: Drei Männer kommen am Hause Abrahams vorbei, der sie freundlich aufnimmt und großzügig bewirtet. Zum Schluss belohnen sie ihn mit der unglaublichen Botschaft, dass seine Frau Sara trotz ihres hohen Alters im nächsten Jahr noch einen Sohn zur Welt bringen werde.

Groß war das Erstaunen der Teilnehmer, als der arabische Imam anschließend aus dem Koran einen Abschnitt vortrug, der genau dieselbe Episode erzählte, sogar fast mit den gleichen Worten. Nicht verwunderlich, dass die drei Männer in beiden Religionen oft als Engel gedeutet werden.

Predigten – christlich und muslimisch

„Es ist doch ein guter Brauch auch unter uns in den verschiedenen Kulturen, Gäste einzuladen und sie zu bewirten. Dabei wird manche Fremdheit überwunden, je besser man sich gegenseitig kennen lernt", sagte Pfarrer Gerhard-Kemper in seiner Kurzpredigt, und auch in der Predigt des Imams Mustafa Küllü ging es um den Umgang mit Gästen und mit Fremden. Denn das war das Thema und die Zielsetzung dieses ganz auf Ruhe und Nachdenklichkeit angelegten Friedensgebets: Wie kann man sich in einem fremden Land zu Hause fühlen, wie die Fremdheit überwinden oder – mit einem gängigen Begriff ausgedrückt – wie erreicht man ehrliche Integration? Auch die Fürbitten kreisten um dieses Thema. Ein Miteinander in Frieden und gegenseitiger Achtung, das ist es, was die Menschen wünschen.

Jede Gemeinde, die evangelische und die katholische, die bosnisch-, die marokkanisch- und die türkisch-islamische, trug Fürbitten vor.

Musik von der Orgel und der Ney

So ungewöhnlich wie vieles bei diesem Friedensgebet war auch die Musik, die seine verschiedenen Teile miteinander verband: Neben meditativer Orgelmusik erklang ein türkisches Instrument, die einer Flöte ähnliche Ney, die etwa für die mystische Musik bei den Derwischen in Konya gebraucht wird. Fremdartige Klänge mit einer eigenen Harmonie, die die Zuhörer in ihren Bann zog und zu der besinnlichen Stimmung beitrug.

Ein Fest der Begegnung

Ganz anders die Stimmung bei dem anschließenden Begegnungsfest im Gemeindesaal: Lebhaft, gelöst, fröhlich, zuweilen turbulent. Lag es nur an dem anderen Ort, oder war es schon eine Folge des gemeinsamen Betens? Man fühlte sich angenommen, gleichwertig, war sich nicht mehr fremd, begegnete sich „auf Augenhöhe". Auf dem Weg zum Gemeindesaal ging niemand verloren und bald waren alle Tische besetzt – bunt gemischt „aus aller Herren Länder". Jeder sprach mit jedem, man genoss die verlockenden Speisen aus den verschiedenen Kulturen, frischte alte Bekanntschaften auf und lernte neue Freunde kennen.

Hier war Integration keine Forderung mehr, hier war sie vollendete Tatsache.

Dialog an der Basis

Die folgenden Ausführungen beziehen sich auf die Beiträge „Gemeindebegegnung" und „Friedensgebet".

Im Laufe der nunmehr genau dreißigjährigen Geschichte des Vereins hat sich die Arbeitsmethode immer wieder verändert. Wurden im Anfang überwiegend Vorträge angeboten, die zu mehr Wissen über den Islam und zu mehr Verständnis für die Muslime führen sollten, so ging es seit dem Ende der 90er Jahre mehr und mehr um Dialogveranstaltungen, die der Verein zusammen mit christlichen und muslimischen Gemeinden organisierte. Das Interesse an Vorträgen, die früher im Zentrum der Vereinsarbeit standen, hatte spürbar nachgelassen. Von da an kooperierte der Verein mit einzelnen Gemeinden oder Institutionen, manchmal auch mit Gruppen von Gemeinden wie etwa mit dem „Runden Tisch der Religionen" im Stadtteil Altenessen. In Essen-Kray entwickelte sich das Projekt „Gemeindebegegnung"; im Südostviertel der Innenstadt waren es die jährlich Ende November gehaltenen Friedensgebete, bei denen der Verein mit drei Gemeinden zusammenarbeitete.

Der Erfolg aller Projekte hängt wesentlich von den beteiligten Persönlichkeiten ab. In dieser Beziehung haben wir nur gute Erfahrungen gemacht. Ob christliche oder islamische Geistliche, Pfarrer oder Hodschas, die wir ansprachen, alle waren aufgeschlossen für den Dialog; erst recht diejenigen, die sich mit der Idee einer Dialogveranstaltung an uns wandten. Wie in dem Beitrag „Gemeindebegegnung" erwähnt, war ein Hodscha sogar erst seit einer Woche in Deutschland, als wir mit dem Wunsch nach einem Moscheebesuch auf ihn zukamen. Er hatte nicht nur keine Bedenken, sondern nahm den Gedanken mit Begeisterung auf. Seine Moschee gehörte dem Ditib-Verband an; aber auch mit anderen Gemeinden haben wir ähnliche Erfahrungen gemacht.

Die Theologen hatten wiederum Leute, fast ausschließlich Frauen, die die örtlichen Vorbereitungen in der Gemeinde trafen, so dass wir uns damit nicht zu beschäftigen brauchten. Für organisatorische Fragen haben wir auch die Vorsitzenden der Gemeinden in unsere Vorbereitungen eingeschlossen.

Mir als dem Vorsitzenden oblag es, den Kontakt zwischen den Gemeinden herzustellen und die jeweiligen Vorschläge und Wünsche in der weiteren Planung zu berücksichtigen. Dabei hat sich ein Vorgespräch in den beteiligten Gemeinden bewährt, und zwar aus sprachlichen Gründen durchaus separat. Nach den ersten Veranstaltungen kamen wir auf den Gedanken, die jeweiligen Gäste das Thema bestimmen zu lassen. Dieses Vorgehen hat so große Akzeptanz gefunden, dass wir dabei geblieben sind.

Die Gemeindebegegnungen begannen mit einem Vortrag des Hodschas (bzw. des Pfarrers oder der Pfarrerin), der eine halbe Stunde nicht überschreiten sollte; mit der Übersetzung wurde es etwa eine Stunde. Bei den ersten Veranstaltungen wurden kleinere Abschnitte, manchmal sogar Satz für Satz übersetzt, was es jedoch schwer machte, den Zusammenhang zu erfassen. Weiter zeigte es sich, dass ein Übersetzer, der sowohl die deutsche als auch die türkische Alltagssprache beherrscht, kaum in der Lage ist, einen religiösen Text adäquat zu übersetzen. Nicht nur, dass dem Nicht-Theologen oft die aus dem Arabischen stammenden Begriffe fehlen, er hat auch Schwierigkeiten, aus den vielen Übersetzungsmöglichkeiten die richtige herauszufinden. Häufig ist der Bedeutungsumfang eines arabischen Begriffs ganz anders als der des entsprechenden deutschen Ausdrucks. So wird etwa „ibadet" gemeinhin mit „Gottesdienst" übersetzt. Aber auch Fasten, Zekat (die Sozialabgabe), die Hadsch (Wallfahrt nach Mekka) und andere Tätigkeiten werden im Türkischen als „ibadet" bezeichnet, während bei Christen „Gottesdienst" viel enger gefasst ist. Einmal erlebten wir Irritationen, als ein türkischer Übersetzer „güzel ahlak" sehr wörtlich mit „schöne Ethik" übersetzte. Die deutschen Teilnehmer konnten sich nichts darunter vorstellen. „Ahlak" kann

Ethik, aber auch Moral bedeuten. Die Übersetzung „gute Moral" wurde sogleich verstanden. Die Schwierigkeiten bei der Übersetzung vom Deutschen ins Türkische sind nicht geringer. Da es im Islam keinen Priester gibt, findet sich im Türkischen dafür auch kein Begriff. Daher kann man nur umschreiben, was gemeint ist. In manchen Übersetzungen wird das Wort „Kahin" gebraucht, was aber eigentlich „Wahrsager" bedeutet, womit die Bedeutung kaum getroffen sein kann. Auch der Prophet ist in der Bibel etwas anderes als der Peygamber im Koran, wobei „Peygamber" immer mit „Prophet" übersetzt wird. Aber Adam, Noah, Moses, Abraham und viele andere, die im Koran als Peygamber bezeichnet werden, gelten im Christentum nicht als Propheten, während Jeremias, Hesekiel, Micha und andere im AT vorkommende Propheten im Islam nicht als solche bezeichnet werden bzw. überhaupt unbekannt sind. Vielleicht haben manche Probleme zwischen Christen und Muslimen einfach sprachliche Ursachen.

Wegen dieser Schwierigkeiten sind wir dazu übergegangen, den jeweiligen Referenten vorab um eine schriftliche Festlegung seines Vortrags zu bitten, so dass die Übersetzung mit aller Sorgfalt vor der Veranstaltung angefertigt werden konnte. Wenn es sich um eine Übersetzung vom Deutschen ins Türkische handelte, habe ich sie zudem mit einem türkischen Hodscha (mit Hochschulabschluss) ausführlich besprochen, so dass es nicht zu Missverständnissen kommen konnte. Dieses Vorgehen hat den weiteren Vorteil, dass die Übersetzung während der Veranstaltung in größeren Abschnitten erfolgen und somit besser verstanden werden kann.

Obwohl dieses Verfahren weitgehend positiv aufgenommen wurde, fanden es einige deutsche Teilnehmer nicht gut, dass sich die für den Vortrag benötigte Zeit durch die Übersetzung praktisch verdoppelte. Da wir bei den Friedensgebeten gute Erfahrungen mit einer schriftlichen Übersetzung gemacht hatten, verteilte ich daher bei einer Veranstaltung die vorher angefertigte schriftliche Übersetzung an die türkischen Teilnehmer und bat sie, während des deutschen Vortrags einfach den türkischen Text mitzulesen. Ganz unerwartet führte dies nach dem Vortrag zu heftigen Protesten. Man habe nicht folgen können, und außerdem sei es unhöflich, seine Aufmerksamkeit während eines Vortrags nicht dem Referenten zu widmen. Beim nächsten Treffen sind wir dann wieder zu dem früheren Verfahren zurückgekehrt und dabei geblieben. Wir haben bei dieser Gelegenheit auch gelernt, dass „Zeit" bei Türken eine andere Bedeutung hat als bei Deutschen.

Solche Probleme traten bei den Friedensgebeten im Südost-Viertel nicht auf. Die am Anfang gewählte Struktur hat sich so gut bewährt, dass sie stets beibehalten wurde: Den Kern bilden eine Lesung aus der Bibel mit anschließender Kurzpredigt, eine Lesung aus dem Koran mit entsprechender Auslegung und das Fürbittgebet, vorgetragen von Mitgliedern der verschiedenen Gemeinden. Es werden christliche Lieder und islamische Ilahi gesungen, und es gibt Instrumentalmusik von der Orgel oder anderen westlichen Instrumenten und von der Ney, vom Kanun oder anderen östlichen Instrumenten. Alle Teilnehmenden erhalten ein zweisprachiges Heft, in dem sie alle Texte in ihrer Sprache verfolgen können. Während des Gottesdienstes wird nur Deutsch gesprochen mit Ausnahme der Koran-Lesung, die auf Arabisch erfolgt und der Ansprache des Hodschas auf Türkisch.

Unsere Veranstaltungen haben immer auch den Zweck, Menschen miteinander zu verbinden. Darum schließt sich an das Friedensgebet immer eine Begegnung im Gemeindesaal mit Speisen und Getränken an, bei dem man miteinander redet, sich kennenlernt und oft genug ein weiteres Treffen vereinbart.

Heilige Texte – Kornelia Siedlaczek, Islamisch-Christliche Arbeitsgemeinschaft Hessen, Frankfurt

Heilige Texte, das ist der Titel einer seit Jahren in Frankfurt am Main durchgeführten Veranstaltungsreihe mit drei Abenden (90 bis 120 Minuten) pro Halbjahr. An den einzelnen Abenden wird von je einer Vertreterin oder einem Vertreter aus Judentum, Christentum und Islam ein Text aus Bibel oder Koran zu einem aktuellen Thema vorgestellt. Die Referierenden lesen oder beten den von ihnen ausgewählten Text vor und erläutern ihn kurz. Dabei soll die Frage im Vordergrund stehen, warum gerade dieser Text der jeweiligen Referentin oder dem jeweiligen Referenten zu dem Thema des Abends wichtig ist. D. h. im Mittelpunkt steht der Text; es geht weder um eine Kurzeinführung in die jeweilige Religion als solche noch um andere wichtige Erkenntnisse, Glaubenssätze, Veröffentlichungen etc. zum entsprechenden Thema. (Dafür gibt es andere Veranstaltungen.) Es handelt sich also um eine persönliche, nicht um eine allgemeine abstrakte Darstellung durch die Referierenden.

In einer zweiten Runde kommen die Referierenden miteinander über die Texte ins Gespräch. Eine dritte Runde öffnet den Abend für das Plenum.

Die Wahl dieser Veranstaltungsform geht auf den Wunsch zurück, ein Angebot für Menschen zu machen, die sich für den interreligiösen Dialog interessieren, aber geringe oder gar keine Vorkenntnisse in diesem Bereich besitzen. Die Teilnehmenden sollen ermutigt werden, sich mit Texten der verschiedenen abrahamischen Traditionen auch über den Abend hinaus zu beschäftigen. Da die Abende nicht auf Konfrontation, sondern auf gegenseitiges Verstehen hinzielen, kann gleichzeitig an einem Modell ein nichtaggressiver Umgang mit anderen Religionen eingeübt werden. Gerade bei der Plenumsrunde fällt hierbei der Moderation eine wichtige Aufgabe zu; nicht immer sind die Teilnehmenden bereit zu einem nicht-konfrontativen Umgang; bisweilen geht es weniger um den Versuch, zu verstehen, als vielmehr um den Versuch, die eigenen (Vor-) Urteile zu diskutieren und bestätigen zu lassen.

Die Moderation übernimmt eine Person aus dem Team der Veranstalter. Diese sind die Katholische Erwachsenenbildung Frankfurt, die Katholische Akademie Rabanus Maurus, die Evangelischen Akademie Frankfurt und die Evangelische Pfarrstelle für Interreligiösen Dialog in Kooperation mit der Henry-und-Emma-Budge-Stiftung Frankfurt am Main, dem Islamischen Informations- und Serviceleistungen e. V. und der Jüdischen Volkshochschule Frankfurt am Main.

Die Themen des letzten Halbjahres (2/2014) waren:

- Nation
- Heimat
- Menschenrechte

Die Themen für das 1. Halbjahr 2015 sind:

- Barmherzigkeit
- Opfer
- Versöhnung

In der Regel kommen 20 bis 50 Teilnehmende zu den Veranstaltungen. Besonders gut besucht waren in den vergangenen Jahren die Abende zu den Themen:

- Homosexualität
- Gotteslästerung
- Humor

Die Christlich-Islamische Gesellschaft in Gießen – Bernd Apel

 Gießen – eine Universitätsstadt in Mittelhessen mit knapp 80.000 Einwohnern, eher ein Standort für Verwaltung und Mittelstand als für Industrie, eher ein regionales Zentrum als eine Großstadt, eher eine bodenständige Bevölkerung als ein Spiegel der Globalisierung. Das ist die eine Perspektive.

Die andere nimmt wahr, dass

- in Mittelhessen Zuzug und Vielfalt Tradition haben (siehe nur die katholischen Zuwanderer nach dem Zweiten Weltkrieg in die mehrheitlich protestantische Region) und in der Stadt Gießen selbst mittlerweile Menschen aus über 140 Nationen leben;

- besonders die umliegenden Industrieorte schon früh Arbeitsimmigranten (und viele von ihnen Muslime) in die Region brachten;

- die Hessische Erstaufnahmeeinrichtung des Bundesamtes für Migration (zuvor der Ort der Anlaufstelle für DDR-Übersiedler!) der Stadt das Bewusstsein für Multikulturalität immer neu offenhält;

- die Justus-Liebig-Universität und die Technische Hochschule Mittelhessen schon lange für Studierende wie Lehrende mit internationalem bzw. interkulturellen Hintergrund attraktiv sind und es seit 2006 an der Universität auch ein Institut für „Islamische Theologie und ihre Didaktik" für die Religionslehrerausbildung gibt;

- mit ca. 68 Prozent Christen im Kreisgebiet der Anteil der religiös Gebundenen höher als im Bundesdurchschnitt liegt und damit auch das Potential für den interreligiösen Dialog mit der (je nach Registrierungsart) 5 bis 8 Prozent starken muslimischen Bevölkerung;

- es allein im Stadtgebiet fünf islamische Gemeinden in konfessioneller (Sunniten, Ahmadiyya, Aleviten) und ethnischer Vielfalt (von Nordafrika über Somalia und Arabien bis zur Türkei und nach Bosnien) gibt.

Wer (auch) diese Perspektive einnimmt, der kann nachvollziehen, dass – zunächst aus persönlichen Begegnungen und Freundschaften heraus – schon im Jahr 1988 in Gießen eine vertrauensvolle Zusammenarbeit im Rahmen der Lehrerfortbildung der Evangelischen Kirche in Hessen und Nassau begonnen hatte. Christen und Muslime führten Seminare mit dem Ziel durch, die Religion der anderen kennenzulernen, dabei jedoch von gegenseitiger Missionierung abzusehen; dies zu einer Zeit, als der interreligiöse Dialog noch in den Kinderschuhen steckte. Daraus entwickelte sich die Idee, diese Arbeit in Form einer „Gesellschaft" nach dem Vereinsrecht auf verlässliche Regelmäßigkeit zu gründen. Auf christlicher Seite waren dabei vor allem Pfarrerinnen und Pfarrer aktiv, auf muslimischer Seite vor allem Studentinnen und Studenten.

Nach langen Vorüberlegungen über die neue „Marke" ist unsere CIG am 16. Oktober 1996 gegründet und am 27. April 1998 in das Vereinsregister beim Amtsgericht Gießen eingetragen worden. Nachfragen der Behörden nach dem angeblichen Status als „Ausländerverein" begleiteten uns fast zehn Jahre und erinnerten immer wieder an die Mühe des „Ankommens" des Islams in Deutschland.

Was wir wollen

Muslime und Christen arbeiten in der CIG gleichberechtigt zusammen – für solche „Augenhöhe" steht auch unser Logo mit gleicher Höhe von Kirchturm und Moschee – und setzen sich ein

- für einen Dialog auf dem Weg vom Nebeneinanderleben zum Miteinanderleben,

- für den Abbau von Ängsten und den Aufbau von Vertrauen auf beiden Seiten,
- für kompetente Information über ihre Religionen und deren faire Darstellung,
- für differenzierte Wahrnehmung statt pauschaler (Vor-) Urteile,
- für die Vermittlung von Perspektiven und Modellen religiöser Erziehung (z. B. einen islamischen Religionsunterricht in deutscher Sprache, der mittlerweile im Herbst 2013 zunächst an ausgewählten hessischen Grundschulen gestartet ist) und
- für Integration statt Assimilation.

Was wir tun

Neben der internen Arbeit führen wir öffentliche Veranstaltungen durch und bieten uns an als Dialogpartner für religiöse und gesellschaftliche Gruppen.

So gab und gibt es unter anderem

- Vorträge und Podiumsdiskussionen über kulturelle, soziale und religiöse Dimensionen von Christentum und Islam, zum Teil mit namhaften Experten. Dazu gehört auch die Beteiligung an öffentlichen Debatten, etwa um das Kopftuch, den Moscheebau oder die Beschneidung sowie die Beteiligung an zivilgesellschaftlichen Bündnissen, etwa im Jahr 2011 beim Aktionstag gegen rechten Extremismus unter dem Motto „Gießen bleibt bunt".
- seit Sommer 1999 regelmäßig eine „Interreligiöse Woche" bzw. (weniger aufwendig) „Interreligiöse Tage" mit verschiedenen Schwerpunktthemen und Veranstaltungsformen. Das erste Motto 1999 hieß „Weil wir Nachbarn sind", das bislang letzte in 2010 „Vom Klang des Worte Gottes" – Musik und Rezitationen aus Koran und Bibel. Besonders zu erwähnen ist hier z. B. das interreligiöse Friedensgebet für die Opfer der Terroranschläge

von London im Jahr 2005 oder die mehrmalige Mitwirkung beim Gießener „Tag der Kulturen". Im Umfeld der CIG und in Kooperation mit dem „Rat der Religionen im Kreis Gießen" entwickelte sich als eigenes Format seit 2009 auch der Gießener „Interreligiöse Stadtrundgang".

• Vermittlung von Besuchen in Moscheen und Kirchen ebenso wie von Referentinnen bzw. Referenten sowie Seminarangebote für und Vernetzung von am interreligiösen Dialog Interessierten (so trat gleich im Jahr 2003 die CIG Gießen dem frisch gegründeten KCID bei).

• Info-Termine von Mitgliedern der CIG in Schulen, Kirchengemeinden und öffentlichen Einrichtungen (u. a. dafür ist seit 2006 auch mit Initiative der CIG von Pfarrer Bernd Apel der „Kalender der Religionen" in einer Auflage von derzeit 3.000 Exemplaren entworfen worden).

• Feiern und Empfänge zum festlichen Fastenbrechen am Ende des Ramadan; dazu konnten u. a. schon der damalige Innenminister des Landes Hessen, Volker Bouffier, oder die damalige Kultusministerin, Karin Wolff, begrüßt werden. Erstmals im Jahr 2012 hat die CIG daran mitgewirkt, das Fastenbrechen auf einem öffentlichen Platz als „Stadt-Iftar" zu organisieren.

Bisherige Vorsitzende waren auf christlicher Seite Pfarrer i. R. Martin Braner, Dekan Frank-Tilo Becher und Pfarrer Bernd Apel, auf muslimischer Seite Ramazan Kuruyüz, Hasibe Özaslan und Mutaz Faysal.

Mitmachen in der CIG

Die Gesellschaft hat gegenwärtig 31 Voll-Mitglieder (28 natürliche Personen plus 3 evangelische Kirchengemeinden als juristische Personen) sowie 47 Gast-Mitglieder, davon jeweils ca. zwei Drittel Christen und ein Drittel Muslime.

Die CIG hat zwei gleichberechtigte Vorsitzende aus den beiden Religionen. Im Vorstand arbeiten paritätisch mehrere Beisitzende für Kassenwesen, Öffentlichkeitsarbeit etc. mit. Sie ist als gemeinnützig anerkannt; alle Ämter werden ehrenamtlich ausgeübt. Basis der Arbeit sind die regelmäßigen Mitgliedertreffen ca. fünfmal im Jahr. Beide großen christlichen Kirchen fördern unsere Arbeit ideell wie logistisch; das Religionspädagogische Institut der Evangelischen Kirche in Gießen ist schon seit vielen Jahren – neben Kirchen- und Moscheegemeinden – unser Sitzungsort.

Mitglied kann jede volljährige Person werden, die den christlich-islamischen Dialog unterstützen will. Der Jahresbeitrag beträgt derzeit 12 €.

Ein Ausblick

Ein eher kleiner Verein, von dem viele Mitglieder oft gleichzeitig in mehreren Zusammenhängen ehrenamtlich engagiert sind, muss seine Chancen wie Grenzen kennen und die Ressourcen realistisch einschätzen. Wir unterliegen, wie alle lokalen bzw. regionalen Dialoginitiativen, auch manchen Bedingungen, die wir nicht selbst in der Hand haben:

- die nationalen und globalen Debatten um das Verhältnis von Christentum und Islam, über Religion und säkulare Gesellschaft beeinflussen mit ihren Höhen und Tiefen, noch dazu im Internetzeitalter, was vor Ort geht oder nicht geht; sie können ebenso neue Perspektiven ermöglichen wie jahrelang aufgebautes Vertrauen zerstören. So sind heute etwa christlich-muslimische Trauungen möglich geworden, aber machen etwa salafistische Aktionen „den" Islam verdächtig; so gab es spontanes Zusammenrücken der Religionen nach dem 11. September 2001, aber auch gegenseitiges Misstrauen vor dem Hintergrund des Nahost-Konflikts.

- Von den damit verursachten Stimmungen wie Missstimmungen hängt oft ab, wie viel ideelle und materielle Unterstützung die bzw. unsere Dialogarbeit bekommt – oder eben nicht. Gerade weil sie ein wichtiger Beitrag zur gesellschaftlichen Integration ist, ist sie nicht „für Null" zu haben. Dabei beobachten wir, dass manche Projekte an „wo/manpower" scheitern können wie auch an mangelnden Finanzen (z. B. das eines „Interreligiösen Gartens" bei der Hessischen Landesgartenschau in Gießen 2014). Oder dass sie in einen größeren und aufwendigeren Rahmen gestellt attraktiver sind (z. B. der „Abrahams-Tag" im Sommer 2013 in Gießen, der mit Stadtrundgang und Konzert Juden, Christen und Muslime trialogisch zusammenbrachte). Darin liegen neue Chancen und Allianzen, aber das spezifische und auch mühevolle Alltägliche des christlich-islamischen Dialogs ist jeweils die Grundlage.

- Sowohl Kirchen- wie Moscheegemeinden verlieren an Bindungswirkung gerade bei Jüngeren; in den ersteren wird gespart und sich gerne wieder auf das „Kerngeschäft" konzentriert, in den letzteren sind (sprachfähige) Hauptamtliche für den Dialog weiterhin die Ausnahme. Obwohl vielerorts etabliert und insgesamt gewollt, wird der christlich-islamische Dialog voraussichtlich nicht leichter. Es gibt keine Alternative zu ihm und doch muss er immer neu verbindlich und treu geleistet werden.

Wenn die CIG im Jahr 2016 ihr zwanzigjähriges Bestehen feiern kann, dann werden viele mit ihr älter geworden und neue Projekt- bzw. Kommunikationsformen gefragt sein. Aber jenseits von mediengerechtem Schaufenster- oder Gremiendialog einerseits wie von politischer oder religionsinstitutioneller Vereinnahmung andererseits werden tatsächliche Begegnungen von Christen und Muslimen unerlässlich und der eigentliche Schatz des Dialogs bleiben.

Die Frauenkommission der Christlich-Islamischen Gesellschaft Karlsruhe – Najoua Benzarti

Diese Darstellung widme ich, Najoua Benzarti, meiner lieben verstorbenen Schwester Gertrud Beathalter, die eine große Bereicherung für die Frauenkommission war: „Liebste Gertrud, ich vermisse Dich!"

Zuerst möchte ich dem KCID zu seinem zehnjährigen Jubiläum gratulieren. Dieses Ereignis ist eine besondere Freude für mich, weil ich die Ehre hatte, eine der 30 Delegierten bei der Gründungsversammlung zu sein. Zusammen mit mir waren aus Karlsruhe Heidi Meier-Menzel, Konrad Fleig und Erzad Mikic dabei.

Entwicklung der Frauenarbeit im Rahmen der CIG Karlsruhe bis zur Entstehung der Frauenkommission

Die Frauenkommission wurde als vierte Kommission der Christlich-Islamischen Gesellschaft Karlsruhe ca. drei Jahre nach der Gründung des Vereins ins Leben gerufen und besteht noch als einzige. Ihr Ziel ist es, Begegnung und Dialog zwischen muslimischen und christlichen Frauen zu fördern. Ihre Mitglieder sind nicht unbedingt Mitglieder der CIG. Das Mitmachen ist offen für alle interessierten Frauen.

Die drei Kommissionen der CIG Karlsruhe waren
- Interreligiöser Dialog, Leiter Prof. Eugen Engelsberger
- Begegnung und Kontakte, Leiter Dipl.-Ing. Kemal Balioglu und Pfr. Eckart Fuchs
- Öffentlichkeitsarbeit, Leiter Pfr. Dirk Keller.

Pfarrerin Ruth Nakatenus und ich, beide Gründungs- und Vorstandsmitglieder der CIG Karlsruhe, arbeiteten in der Kommission für Begegnung und Kontakte seit deren Gründung mit. Ziel der Kommission war es, christliche und muslimische Gemeinden und

Gemeinschaften zu vernetzen. Begegnungen fanden an verschiedenen Orten statt.

Sofort kam bei uns Frauen der Wunsch auf, uns untereinander zu treffen, um einander besser kennenzulernen. Deshalb luden wir muslimischen Frauen zu Tagen der offenen Tür ein, doch leider kamen keine christlichen Frauen. Umgekehrt suchten christliche Frauen Kontakt zu muslimischen, doch zunächst erfolglos.

Das änderte sich erst mit den verabredeten christlich-islamischen Frauentreffen. Das erste fand am 17. Juli 1996 im Deutschsprachigen Muslimkreis Karlsruhe (DMK) statt, damals in der Stephanienstr. 21, mit der Frauengruppe des DMKs und evangelischen Frauen aus Frau Nakatenus' Gemeinde Palmbach. Wir Frauen stellten uns vor und beantworteten die von den anderen gestellten Fragen. Die Begegnung endete mit einer Terminvereinbarung für einen weiteren Gesprächstreff.

Das zweite Treffen war am 17. September 1996 in Palmbach mit folgender Tagesordnung:
• Vorstellung der CIG Karlsruhe
• Antworten auf Fragen: Beschneidung, Kopftuch usw.
• Vortrag über die Stellung der Frau im Islam und im Christentum
• Gestaltung weiterer regelmäßiger Treffen von Christinnen und Musliminnen

Das dritte Treffen fand am 25. November 1996 wieder im DMK statt mit der Frauengruppe des DMKs und katholischen Frauen. Thema war „Das Gebet".

Schließlich erfolgten die Treffen in regelmäßigen Abständen und zwar vormittags mit Frühstück oft im Schofersaal von St. Stephan, nachmittags oft in der arabischen Annur Moschee mit der dortigen Frauengruppe und abends oft im DMK. Wir luden uns auch bei verschiedenen Frauengruppen ein, um Auskünfte über die CIG Karlsruhe und Antworten auf die vielen offenen Fragen zu geben.

Da die Begegnungen in einer respektvollen und unkomplizierten Atmosphäre stattfanden, herrschte zwischen den Teilnehmerinnen ein Geschwisterlichkeitsgefühl. Christa Fastner, der ich den Titel „das Herz der Frauenkommission" gebe, kam mit einer hervorragenden Idee, die nachhaltig blieb: Sie lud uns zu sich nach Hause ein, um gemeinsam landestypische Gerichte zu kochen. Ihre Nachbarin Elke Ernemann, Stadträtin in Karlsruhe, war dabei und seitdem verfolgt sie unsere Arbeit.

Gründung der Kommission für Frauenarbeit

Frau Nakatenus und ich berichteten stets bei den Vorstandssitzungen sowie Mitgliederversammlungen der CIG über unsere Begegnungen, Aktionen und Aktivitäten.

Bei der Mitgliederversammlung am 9. Dezember 1998 schlug ich vor, unsere Frauenarbeit unabhängig von der Kommission „Begegnung und Kontakte" fortzuführen. Die Idee wurde herzlich begrüßt. Ich wurde als Leiterin der „Kommission für Frauenarbeit", kurz „Frauenkommission", vorgeschlagen und nahm das Amt an. Ich leitete die Kommission ungefähr fünf Jahre lang alleine, dann übernahmen Frau Nakatenus und Frau Dr. Annette Bernards von der katholischen Gemeinde St. Stephan mit mir die Leitung, natürlich gut unterstützt von allen Schwestern. Seit dem Umzug von Frau Nakatenus nach Pforzheim fehlen uns eine evangelische Leiterin und ein direkter Kontakt zu einer evangelischen Frauengruppe.

Beim ersten Treffen am 12. Februar 1999 in der Annur Moschee legten wir Frauen die Ziele unserer Kommission fest:
• Förderung des gegenseitigen Kennenlernens durch Begegnungen in lockerer Atmosphäre,
• Kontakt zu anderen Frauengruppen knüpfen,

- Kennenlernen der Lebensweise der Muslimas und Christinnen, z. B. durch gemeinsames Kochen landestypischer Gerichte,
- Austausch und gegenseitige Information über Fragen des Glaubens,
- Kennenlernen der beiden Religionen Islam und Christentum und
- gegenseitige Hilfe.

Aktive Mitglieder der Frauenkommission waren außer den schon Genannten Belgin Cinar, Heidi Meier-Menzel, später Gertrud Beathalter, Behice Yesil, Jamila Hout, Renate Citron, Maria Hinze, Gabriele Niestroj, Hoda Mäge und viele andere Frauen, die ich leider nicht alle namentlich nennen kann.

Das regelmäßige Programm der Frauenkommission war wie folgt:
- Frühstück, oft im Schofersaal der Gemeinde St. Stephan mit einem Thema
- Nachmittagstreff in einer Moschee oder in einer christlichen Gemeinde
- Abendtreff in einer Moschee, im DMK oder in einer christlichen Gemeinde
- Besuch einer Kirche oder einer Moschee – 2007 besuchten wir zusammen mit der Frauengemeinschaft von St. Stephan die Synagoge in Karlsruhe
- Kochen: das erste Kochen fand bei Frau Fastner statt, dann im Halima Kindergarten, im Stadtteilbüro Oststadt und im DMK
- Teilnahme an verschieden Frauenveranstaltungen sowie am Fest der Völkerverständigung, am Fastenbrechen und an Friedensgebeten
- Ab und zu brachten wir die Seelen zum Schwingen und Klingen, tanzten, sangen, redeten und aßen miteinander.

Die Veranstaltungen waren gut besucht. Verschiedenen Themen wurden aus christlicher und islamischer Sicht behandelt, wie z. B. „Gebet", „Stellung der Frau", „Die Schöpfungsgeschichte", „Jesus,

Prophet oder Gottessohn?" „Erntedank", „Tod – Begräbnis", „Feste", „Opferfest, verbunden mit der Pilgerfahrt in Bezug auf den Propheten Abraham", „Symbole in der Kirche, Riten zum Hineinwachsen in den Glauben", „Würde und Wert des Menschen", „Leben nach dem Tod", „Engel im Christentum und im Islam", „Wie gehen wir mit unserer Zeit um? Haben wir Ruhepunkte, die uns Kraft geben?", „Eheliche Liebe", „Fremd sein oder neue Heimat", „Wie geschieht die Einführung in den Glauben mit Kindern, Jugendlichen und Erwachsenen", „Die Kunst und Symbolik der Autobahnkirche Baden-Baden", „Die Nächstenliebe im Koran und in der Bibel", „Älter werden – Umgang mit älteren Menschen", „Maria in der Bibel und im Koran", „Homöopathie und Heilkunde", „Das Leben des Propheten Mohammed und des Jesus von Nazareth", „Mode, Schönheit, Ästhetik", „Frau und Arbeitswelt – Chancen der Frauen", „Propheten", „Kindererziehung".

Die Frauen duzten sich und gingen miteinander auf gleicher Augenhöhe um. Dies brachte alle Frauen dazu an den Gesprächen teilzunehmen, ihre Meinungen offen zu äußern, voneinander zu lernen und sich zu entfalten.

Die Gemeinsamkeiten beider Religionen brachten uns Frauen näher. Die Unterschiede brachten uns dazu, unsere Sichtweise verständlich zu erklären und uns in die Sichtweise der anderen Frauen hineinzudenken. Dies führte zu einem vertieften Verständnis beider Religionen. Die starke Bindung zwischen uns Frauen und das gegenseitig gewonnene Vertrauen zeigten sich deutlich nach den Attentaten vom 11. September 2001. Wir Frauen erklärten uns solidarisch, neue Frauen kamen dazu und die Arbeit der Frauenkommission blieb nachhaltig. „Wir machen weiter", insistierte Christa Fastner sowie andere Frauen, als sich das Gerücht verbreitete, dass sich die CIGK eventuell auflöst. „Wir Frauen setzen unseren interreligiösen Dialog fort".

Im Rahmen des Festes der Völkerverständigung, das jährlich auf dem Karlsruher Marktplatz stattfindet, veranstaltete die CIG bis

2001 ein Friedensgebet in der Kleinen Kirche. Infolge der Ereignisse vom 11. September 2001 gab es jedoch Schwierigkeiten, es weiterhin zu organisieren, da sich der Pfarrer weigerte, die Kirche zur Verfügung zu stellen. Da beschlossen wir Frauen der Frauenkommission und der Islamischen Internationalen Frauengemeinschaft Karlsruhe und Umgebung (IIFG), das Friedensgebet zu veranstalten, weil es noch notwendiger war als vorher, und zwar bei der Eröffnung des Festes der Völkerverständigung auf der großen Bühne auf dem Marktplatz. Sogar eine jüdische Frau nahm daran teil. Seitdem ist das interreligiöse Gebet fester Bestandteil der Festeröffnung.

Die Feier des zehnjährigen Bestehens der Frauenkommission

Sie bestand aus zwei Veranstaltungen, die große Ereignisse für uns waren:

1. Ein Treffen christlicher und muslimischer Frauen am 17. Oktober 2006 im DMK im Rahmen eines Fastenbrechens, zu dem alle Frauen eingeladen waren, auch Mitarbeiterinnen der Stadt Karlsruhe. Daran nahmen sehr viele Frauen teil, auch Frauen vor der katholischen Erwachsenbildung aus Wörth, die uns vor Begeisterung gleich für den 6. November 2006 zu sich einluden, damit wir ihnen über unsere Arbeit berichten. Sie organisierten dann was Ähnliches dort.

2. Die offizielle Jubiläumsfeier am 10. Oktober 2009 im Canisiussaal der katholischen Südstadtgemeinde. Viele Frauen sowie zahlreiche Repräsentantinnen aus dem öffentlichen Leben feierten mit. Die Feier wurde in Zusammenarbeit mit der IIFG organisiert. Wir von der Frauenkommission bereiteten den ersten, offiziellen Teil vor, die Frauen der IIGG den kulturellen Teil. Programm:

• Musikalischer Auftakt: Pfarrerin Ulrike Krumm, christliche Vorsitzende der CIG Karlsruhe, spielte Flöte.

- Grußwort von Frau Dr. Susanne Asche, Leiterin des Städtischen Kulturamts

- Vorstellung der Arbeit der CIG und deren Frauenkommission: Frau Dr. Bernards und ich

- Alle Vertreterinnen von Vereinen und alle Politikerinnen hatten Gelegenheit, über ihre Arbeit zu informieren. Jede Vertreterin steckte nach ihrer Rede eine Blume in eine große Vase. Dabei entstand ein sehr schöner bunter Strauß als Symbol der Vielfalt.

- Gemeinsamer Gesang: Frau Beathalter (katholisch) sang das Lied „Wir wollen aufstehn, aufeinander zugehn" (von einer evangelischen Person geschrieben), Frau Dr. Bernards (katholisch) begleitete sie mit der Gitarre und ich (muslimisch) mit meiner tunesischen Trommel und alle Frauen sangen mit.

- Essenspause mit einem köstlichen Buffet: Frau Hinze und Frau Hout hatten das Hauptgericht zusammen in der Küche am Veranstaltungsort gekocht, viele Frauen brachten Beilagen, Salate, Kuchen mit.

- Das kulturelle Programm wurde mit einem Pilgertanz eröffnet, Frau Dr. Bernards führte diesen an.

- Orientalische Tanzaufführung (IIFG)

- Aerobic (IIFG)

- Trommeln (IIFG)

- Vorführung traditioneller Kleider (IIFG)

- Freies Tanzen und Feiern: Fast alle Frauen tanzten, sogar Schwester Brigitte, eine Nonne.

Der 10. Oktober 2009 wurde ein unvergesslicher Tag für uns. Die Frauen waren vom Programm begeistert und von den anderen Frauen und ihren Fähigkeiten fasziniert. Sie tauschten Infos aus über ihre Arbeit, sprachen locker miteinander statt übereinander und lernten sich aus einer anderen Perspektive kennen. Sie wollen solche Begegnungen einfach immer wieder erleben.

Die Frauenkommission mit ihrer einfachen, vertrauten, nachhaltigen Arbeit ist ein Vorbild für andere, die sie nachmachten, zum Beispiel die Wörther und die Rastatter Frauen.

Öffentlichkeitsarbeit

Um unsere Arbeit Gästen präsentieren zu können, stellten wir einen Ordner zusammen, in dem unsere Aktivitäten chronologisch und mit Fotos dokumentiert waren. Später erstellten wir eine PowerPoint Präsentation, die überall, wo wir sie zeigten, eine gute Resonanz fand.

Über den interreligiösen Dialog der CIG Karlsruhe berichtete ich 2002 und 2003 in verschiedenen uruguayischen lokalen Medien, Radio, Zeitung und Fernsehen. Sie stellten die Arbeit des Vereins als vorbildlich für das Friedenstiften in der Welt dar.

Die Frauenkommission ist Gründungsmitglied und ein wichtiger Bestandteil des Interreligiösen Frauennetzes Baden, das seit 2007 Jüdinnen, Christinnen, Muslimas, Alevitinnen, Bahai-Frauen, Hindus, aber auch nicht religiöse Frauen jährlich zu zwei Treffen einlädt, siehe www.ekiba.de, Suchwort Frauennetz.

Ein Bekenntnis zum interreligiösen Dialog

Zum Schluss soll eine sehr fleißige und liebevolle Schwester, Renate Citron, mit einem ganz persönlichen Bekenntnis zu Wort kommen. Sie hat stets den Kontakt unter den Schwestern gepflegt und uns immer wieder eingeladen, z. B. zu ihrer goldenen sowie diamanten Hochzeit. Gertud Beathalter und ich nahmen an der diamantenen Hochzeit teil. Nach dem Gottesdienst in einer schönen Kapelle, der musikalisch mit „Oud" statt Orgel begleitet wurde, dürften wir im Restaurant über die CIG und ihre Frauenkommission informieren. Auch trommelte ich auf meiner tunesischen Darbouka verschiedene orientalische und westliche Rhythmen. Die

71

Feier war und ist für mich einmalig, eine interkulturelle und interreligiöse Begegnung mit internationalen Gästen und kulinarischen Köstlichkeiten. Herzlichen Dank, Ehepaar Citron!

Frau Citron schreibt:

„Mein Mann und ich sind beide gläubige Christen, er evangelisch-lutherisch, ich katholisch.

Begegnung mit anderen Menschen und speziell Begegnung mit religiösem Fokus sind uns beiden wichtig. Dialog bedeutet Bereicherung.

Zum Dialog gehört eine eigene Grundüberzeugung. Dann braucht man sich nicht ängstlich abzugrenzen, sondern ist offen gegenüber anderen Meinungen und anderer Lebenspraxis und weiß, dass man vom Gesprächspartner lernen kann.

Wir sind sehr viel in der Türkei gereist und sind dabei auch vielen Menschen begegnet, Bauern, Professoren, Landräten, Bürgermeistern, Kaufleuten, Lehrern. So war uns der christlich-islamische Dialog ein wichtiges Anliegen.

Wir freuten uns, als in Karlsruhe die Christlich-Islamische Gesellschaft gegründet wurde und nahmen so oft wie möglich an den Treffen teil. Als etwa zeitgleich die Frauenkommission ihre Arbeit begann, machte ich auch hier gerne mit; übrigens war ich damit zum ersten Mal in meinem Leben in einer reinen Frauengruppe. Allerdings hatte ich schon früher beobachtet, dass das Gespräch unter Frauen leichter ist.

Überall auf der Welt und in verschiedenen sozialen Umfeldern sind sie es, die den Alltag mit seinen vielen Wechselfällen bewältigen, Französinnen, Tunesierinnen, Deutsche, Türkinnen, Chinesinnen, …

Das offene Gespräch fällt ihnen wohl deshalb leichter, weil sie nicht wie Männer sich immer stark und allen Aufgaben gewachsen zeigen müssen.

So war auch die Atmosphäre bei unseren Frauentreffen, sei es in einer Moschee, in kirchlichen Räumen, in einer Kindergartenküche oder privat, von Anfang an entspannt und herzlich. Darüber hinaus führten wir viele interessante Gespräche.

Nun möchte ich noch etwas Persönliches berichten. Vereinfacht gesprochen sind Muslime spiritueller als Christen. Dies mag zum großen Teil daran liegen, dass Muslime verpflichtet sind, regelmäßig fünfmal am Tag zu beten, Christen (außer Mönchen, Nonnen und Geistlichen) dagegen ist es freigestellt, wann sie beten.

Wir hatten in der Frauengruppe mehrere Treffen mit dem Thema Gebet. Es zeigte sich nämlich, dass das Thema ein Treffen bei weitem sprengte. Dabei sprachen wir u. a. über das Gebet im Allgemeinen, die 1. Sure, al-Fātiha, und das Vater Unser. Dieser Austausch liegt nun viele Jahre zurück. Seither bete ich jeden Tag dreimal das Vater Unser und bin so jeden Tag auch mit der christlich-islamischen Frauengruppe verbunden."

Zum Schluss richte ich meinen herzlichen Dank an alle Frauen, die dabei waren:

Liebe Schwestern! Ohne Euch und Eure Offenheit, Geduld, Vorschläge, Kritik, Vielfalt und aktive Teilnahme wäre die Frauenkommission nicht nachhaltig gewesen.

Zusammen erreichen wir mehr!

Najoua Benzarti ist 1961 in Sousse, Tunesien, geboren. Nach dem Abitur 1979 studierte sie Wirtschaftsprüfung (Expertise comptable) in Sfax und erwarb 1982 zwei Universitätsdiplome. Nach einem Deutschkurs in Tunis kam sie 1983 zu ihrem Mann nach Karlsruhe, wo sie nach einem Jahr Studienkolleg an die Universität wechselte und im Jahr 1992, als sie ihr drittes Kind bekam, das Vordiplom in Volkswirtschaftslehre ablegte. Wegen gynäkologischer Probleme verzögerte sich das Studium, bis 2004 das Studienfach abgeschafft wurde. In der Zwischenzeit hatte sie 1998 ihr viertes Kind bekommen, am Internationalen Zentrum für islamische Wissenschaften bei Prof. Dr. Hassan Hitou Islamische Theologie studiert und sich an der Universität Karlsruhe in Spanisch und Wirtschaftsspanisch weitergebildet. In den letzten Jahren besuchte sie einen Kurs für islamische Notfallseelsorge und wurde als Verhandlungsdolmetscherin für Arabisch vereidigt. Nachdem sie und ihr Mann getrennte Wege gegangen sind, lebt sie hier alleine mit ihrem jüngsten Sohn und betreut derzeit Flüchtlingskinder als Honorarkraft des Stadtjugendaus-schusses.

Frau Benzarti war schon in Sousse ehrenamtlich beim „Ciné-Club pour enfants" und als Schulsprecherin tätig. Das geht in Karlsruhe mit zahlreichen Aktivitäten weiter. Stichwortartig seien genannt: Halima-Kindergarten, Nachbarschaftshilfe des Diakonischen Werkes, Muslimi-scher Sportverein Karlsruhe (in diesem Zusammenhang hat sie ihren DLRG-Schwimmschein erlangt), Islamische Internationale Frauenge-meinschaft, Arabischunterricht für Kinder und Frauen, Deutschunter-richt für Ausländerinnen, Beratung und Betreuung von Hilfesuchenden, Hausaufgabenbetreuung, integrativer Frauensport, integrative Tanzpä-dagogik, Moscheeführungen, Bürgermentorin beim DRK, Elternmento-rin, islamische Seelsorge, Referentin über islamische Themen z. B. bei der Frauenarbeit der Evangelischen Landeskirche, im Aktivbüro der Stadt Karlsruhe und beim Katholikentag in Mannheim.

Frau Benzarti ist Mitglied des Karlsruher Migrationsbeirates für den Bereich Gesundheit, Senioren & Sport, des Forums Ehrenamt in der Spar-te Integration/Migration und des Sanierungsbeirates in Karlsruhe-Rintheim.

Für ihr vielfältiges Engagement wurde sie 2007 mit dem Karlsruher Integrationspreis „Miteinander Leben – Vom Fremden zum Freund" ausgezeichnet. Darüber freut sie sich zwar, nur möchte sie nicht als Mus-terbeispiel hingestellt werden für eine, „die wir erfolgreich integriert ha-ben", nach dem, was sie von sich aus alles für die Integration geleistet hat.

Die Mittwochstreffs der CIG Karlsruhe – Albrecht Fitterer-Pfeiffer

 Monatliche Mittwochstreffs stellen das Kontinuum und damit auch ein Stück weit das Rückgrat unserer CIG Karlsruhe dar. Dabei haben sie ganz unterschiedlichen Charakter. Manchmal luden wir Referentinnen oder Referenten ein. Oft gaben ein christliches und ein muslimisches Vorstandsmitglied jeweils einen kurzen Impuls und anschließend führten wir ein Gespräch unter den Mitgliedern. Manchmal kamen wir zum Feiern zusammen oder eine muslimische Gemeinde oder eine christliche Gemeinde lud ein – etwa zum Fastenbrechen im Ramadan oder zu einem Adventsabend. Entscheidend war: Einmal im Monat treffen wir uns an einem Mittwochabend.

Exemplarisch will ich von zwei dieser Mittwochstreffs berichten, die gerade in ihrer Unterschiedlichkeit die Bandbreite des Formats „Mittwochstreff" veranschaulichen können:

1. Ein Mittwochstreff zum Thema „Humor"
2. Das jährliche christlich-islamische Fußballspiel mit anschließendem Grillfest

Lächeln über uns selbst. Humor im Christentum und Islam

Die heftige öffentliche Diskussion über Mohammedkarikaturen 2007 führte uns zur Frage, ob Christen und Muslime vielleicht ein unterschiedliches Humorverständnis haben. Gibt es Tabu-Zonen in unserem Glauben, bei denen wir es nicht ertragen können, wenn darüber gelacht wird? Oder geht es vor allem darum, dass von manchen Menschen vorgeblich Humor dazu benutzt wird, andere herabzusetzen? Unter dem Motto „Lächeln über uns selbst. Humor im Christentum und Islam" bereiteten unsere Vorstandsmitglieder Mustapha Smouni und Albrecht Fitterer-Pfeiffer den Mittwochstreff am 8. Oktober 2008 zum Thema Humor vor, der im Folgenden in Auszügen dokumentiert wird.

Wir begannen den Abend damit, dass wir uns Witze erzählten, unter anderem die folgenden:

Erzbischof Robert Zollitsch kommt in den Himmel und setzt sich auf Gottes Thron. Das himmlische Personal überlegt: Wie bringen wir den Erzbischof wieder von dem Thron? Petrus fordert ihn freundlich auf, doch wieder aufzustehen, ohne Erfolg. Jesus weist den Erzbischof darauf hin, dass der Thron doch für Gott reserviert sei und frei bleiben müsse, aber Zollitsch bleibt sitzen. Niemand kann den Bischof von Gottes Thron mehr wegbewegen, bis Maria kommt und ihm etwas ins Ohr flüstert. Sofort springt Zollitsch auf und springt nach draußen aus dem Thronsaal. Da fragen die anderen Maria: „Wie hast du denn das geschafft?" Maria antwortet: „Ach, ich hab ihm nur gesagt: Draußen ist das Fernsehen."

Zwei Pfarrer unterhalten sich über das Stillgebet im Gottesdienst. Einer meint, er zähle immer bis 25. Er räumt ein: „Es gibt auch Kollegen; die zählen bis 35. Aber ich finde das scheinheilig."

Ein deutscher Bischof fliegt in die USA. Bei der Landung am John-F-Kennedy-Flughafen geht ein Reporter auf ihn zu: „Werden Sie etwas zur Situation der Freudenhäuser in New York sagen?" Verwundert fragt der Bischof zurück: „Gibt es Freudenhäuser in New York?" Am nächsten Tag berichten die amerikanischen Zeitungen: „Erste Frage des Bischofs in USA: Gibt es Freudenhäuser in NY?"

Eines Tages saß der Prophet mit seinem engsten Freund Abu Bakr zu Tisch und die beiden aßen Datteln. Wie es so üblich war, legte man die Dattelkerne vor sich hin. Abu Bakr schob seine Dattelkerne jeweils dem Propheten zu. Nach dem Essen lag vor dem Propheten ein Haufen Dattelkerne und vor Abu Bakr war kein einziger. Abu Bakr fragte den Propheten: „Oh Prophet, du hast aber heute einen großen Hunger gehabt!" Daraufhin antwortete der Prophet: „Du scheinbar auch, denn du hast deine Datteln samt den Kernen gegessen."

Einmal kam eine alte Frau zum Propheten und bat ihn eindringlich, er möge Gott bitten, dass sie ins Paradies gelange. Daraufhin entgegnete der Prophet ganz ernst: „Ins Paradies kommen keine greisen Frauen, nur junge." Geschockt von dieser Antwort wandte sich die Frau traurig ab und weinte bitterlich. Lachend ließ der Prophet die Frau nun zurückholen und beruhigte sie: „Weißt du denn nicht, dass alle Menschen im Paradies jung sind und jung bleiben?"

Ein Mann ist bei einer sehr geizigen Familie zu Gast. Selbst der Tee ist zu dünn. So dankt der Gast am Ende dem Gastgeber: „Vielen Dank für deine Gastfreundschaft. Du wirst mir als besonders frommer Mann in Erinnerung bleiben. Sogar der Tee ist bei dir für rituelle Waschungen geeignet." (Das bedeutet er ist völlig geruchsfrei und farblos.)

Ein Mann kommt zum Pfarrer. „Herr Pfarrer, ich habe ein Problem. Seit dem Wochenende vermisse ich meinen Regenschirm und ich fürchte, jemand aus meiner Bibelgruppe hat ihn gestohlen. Aber ich traue mich nicht, das direkt anzusprechen." Der Pfarrer überlegt kurz und gibt dem Mann den Rat, nächste Woche einfach mal die 10 Gebote in der Bibelgruppe zu besprechen, dann wird sich das Problem schon lösen. Und tatsächlich, der Mann kommt nach einer Woche wieder und vermeldet freudig, dass er den Schirm wieder hat. „Na, wusste ich es doch", meint der Pfarrer zufrieden, „als das 7. Gebot zur Sprache kam, packte den Dieb die Reue und er gab den Schirm zurück, richtig?" Der Mann schüttelt grinsend den Kopf. „Nein, als wir gerade beim 6. Gebot waren, ist mir wieder eingefallen, wo ich den Schirm habe stehenlassen."

Jesus, Moses und ein alter Mann spielen Golf. Jesus schlägt als erster und spielt seinen Ball in einen Teich. Ungestört schreitet er über das Wasser und spielt mit seinen zweiten Schlag direkt aufs

Grün. Moses macht seinen Abschlag und spielt ebenfalls in den Teich. Er geht hinüber zum See, steht davor, das Wasser teilt sich, und er setzt sein Spiel fort mit einem Schlag direkt aufs Grün. Schließlich ist der alte Mann an der Reihe. Er spielt ebenfalls in Richtung See, aber als der Ball fast die Oberfläche berührt, springt ein Lachs aus dem Wasser und schnappt sich den Ball. Bevor jedoch der Fisch ins Wasser zurückfallen kann, stürzt sich ein Adler herunter und fängt den Lachs. Der Adler fliegt über das Grün, lässt den Fisch fallen und, als dieser auf das Grün fällt, verliert er den Ball, der sodann ins Loch rollt. Jesus, der dieses „hole in one" gesehen hat, dreht sich zu dem alten Herrn um und sagt: „Wenn du nicht aufhörst zu schummeln, spielen wir nächstes Mal ohne dich, Papa!"

Der amerikanische Präsident George Bush sitzt den ganzen Tag mit dem britischen Premierminister Tony Blair zusammen. Abends kommen Reporter und fragen, worüber die beiden gesprochen haben. Bush: „Wir haben den 3. Weltkrieg geplant." Reporter: „Und wie soll der aussehen?" Bush: „Wir töten vier Millionen Muslime und einen Zahnarzt." Reporter: „Warum bitte einen Zahnarzt?" Blair zu Bush: „Siehst du, ich hab's dir doch gesagt: Nach den 4 Millionen Muslimen wird keiner fragen!"

Ein Mann kommt im Central Park in New York dazu, wie ein kleines Mädchen von einem Kampfhund angefallen wird. Die einzige Chance das Mädchen zu retten ist: Der Mann tötet den Hund. Der herbeigerufene Polizist lobt den Lebensretter: „Da kommt sicher morgen ein großer Bericht in der Zeitung: Mutiger New Yorker rettet kleines Mädchen vor wilder Bestie." „Sorry", wendet der Lebensretter ein, „aber ich komme nicht aus New York." – „Na, macht nichts", meint der Polizist, „dann wird es eben heißen: Mutiger Amerikaner rettet einem Mädchen das Leben." – „Leider bin ich auch kein Amerikaner." – „Na, woher sind Sie dann?" – „Ich bin Pakistani." Am nächsten Tag steht in der Zeitung: „Moslem mordet amerikanischen Hund. Terroristischer Hintergrund ist nicht auszuschließen."

Ein Pfarrer trifft den Rabbiner und erzählt: „Heute Nacht habe ich von eurem jüdischen Himmel geträumt, Oh weh, war das ein Krach und ein Geschrei. Alle haben durcheinandergeredet und wild um sich gestikuliert. Viel zu eng war es da und nach Knoblauch hat es auch gerochen!" - Erwidert der Rabbiner: „Ich habe heute Nacht von eurem christlichen Himmel geträumt. Es war schön. Die Sonne hat geschienen und ein leichter frischer Wind hat es angenehm kühl gemacht. Viel Platz. Über weite Wiesen bin ich gewandert. Es war kein Mensch da."

Besucher kommen in ein Dorf und bewundern das kleine Kirchlein. Sie erfahren, die Kirche ist schon fünfzig Jahre alt – und noch nie renoviert. Dafür ist sie wirklich noch ganz toll in Schuss. „Na ja," meint ein Einheimischer, „wir schonen unsere Kirche sehr."

Ein Pfarrer und ein Werbefachmann, alte Schulfreunde, treffen sich nach Jahren. Der Pfarrer erzählt von seinen Versuchen, die Jugend in die Kirche zu bringen mit Partys, Musik, Disko, Spieletreff, Fußballturnier und Filmnächten. Alles war erfolglos. Der Werbefachmann meint: „Wie wäre es, du probiertest es mal mit Religion?"

Hodscha Nasreddin kommt in ein Dorf und fragt: „Wo ist hier die Moschee?" - „Da gehst du die Hauptstraße vor, die zweite Straße links und dann das dritte Gebäude rechts." Nasreddin erwidert: „Dort ist aber doch die Kneipe." – „Nein, die Kneipe ist die dritte Straße rechts und dann das vierte Haus." – „Vielen Dank", meint der Hodscha und geht die dritte Straße rechts.

Ein Mann bringt drei gebratene Hühnchen zum Essen für drei Personen mit. Als es ans Essen geht, fragt er die beiden anderen: „Sollen wir göttlich teilen oder menschlich?" Da die beiden anderen befürchten, dass Menschen ungerecht sein könnten, wählen sie die göttliche Teilung. Da nimmt der Mann alle drei Hühnchen für sich. Gott teilt, wie er will.

Aus unserem Gespräch am Mittwochstreff: Überlegungen zu den gehörten Witzen

• Wenn in unserer westlichen Gesellschaft nach dem Karikaturenstreit Muslime manchmal als überempfindlich angesehen werden, dann müssen wir den Kontext sehen, in dem Muslime in unserer westlichen Gesellschaft leben: Noch immer gibt es ein Überlegenheitsgefühl des Westens und Muslime sehen sich dem ständigen Verdacht ausgesetzt, Terroristen, Frauenunterdrücker oder „mittelalterlich" zu sein. Die Witze von Bush und Blair oder vom Lebensretter im Central Park können das ein wenig illustrieren.

• Die anwesenden Muslime fanden den Witz vom Golf spielenden himmlischen Personal zwar nett, meinten aber übereinstimmend, so einen Witz würden sie selbst nicht erzählen. Der Witz sei respektlos gegenüber Gott. Gott oder Propheten kommen in ihren Witzen nicht als handelnde Personen vor.

• Viele der muslimischen Witze erscheinen den Menschen, die in westlicher Kultur aufgewachsen sind, als ein wenig langweilig oder zahnlos. Möglicherweise liegt das nicht an einem unterschiedlichen Verständnis zwischen Muslimen und Christen, sondern hat was mit kultureller Herkunft zu tun.

Thesen zum Thema Humor in Christentum und Islam (aus christlicher Perspektive):

1. Humor und Religion haben ein schillerndes Verhältnis. Wer sich vor Lachen wegschmeißt, läuft Gefahr, dem Körperlichen, dem Diesseitigen, dem nicht Heilsnotwendigen die Herrschaft zu überlassen. Es gab im Christentum eine grundsätzlich humorfeindliche Strömung.

Das Martyrium Jesu wiegt schwer. So stellte der Bischof von Konstantinopel, Chrysostomus, im 3. Jahrhundert fest, dass ein Christ nichts zu lachen habe. Schließlich habe Jesus auch nicht gelacht. (Lk 6,25: Weh euch, die ihr jetzt satt seid! Denn ihr werdet hungern. Weh euch, die ihr jetzt lacht! Denn ihr werdet weinen und klagen.) Und in der Tat, im Neuen Testament findet sich kein einziger Satz darüber. Vom Heiligen Benedikt wird überliefert, dass er lachenden Mönchen die Prügelstrafe androhte.

In der Bibel finden wir das Wort „lachen" eher selten. Gott lacht über seine Spötter; in der Zukunft, die Gott bringt, werden wir lachen.

Von Mohammed hingegen erfahren wir, er habe so sehr gelacht, »dass seine Weisheitszähne sichtbar wurden«.

2. Von grundsätzlicher Humorfeindlichkeit ist zu unterscheiden, wenn Christinnen und Christen sich verletzt fühlen, wenn über ihre zentralen Glaubensinhalte gelacht wird.

Es gibt auch bis heute im christlichen Bereich Anstößiges: Madonna: Like a prayer, Das Leben des Brian, Die Mutter züchtigt das Jesuskind.

3. Möglicherweise sind Worte für uns weniger anstößig als Bilder, Bilder weniger als Filme.

4. Gott selbst ist viel zu groß, als dass wir ihn beleidigen könnten. Trotzdem sind wir als Christinnen und Christen empfindlicher, wenn über Gott oder Jesus gewitzelt wird, als wenn über Christen Witze gemacht werden. Solche erhöhte Empfindlichkeit müssen wir auch Muslimen zugestehen. Vermutlich sind aber auch Christinnen und Christen im Nahen und Mittleren Osten in diesem Zusammenhang empfindlicher als westliche Christinnen und Christen.

5. Das Bilderverbot wird im Islam ernster genommen, deshalb darf in den Augen der meisten Muslime kein Witz über Allah selbst oder über Mohammed (oder andere Propheten) gemacht werden.

Einer meiner Professoren lehrte in einem Seminar zum Erzählen biblischer Geschichten: Alle Personen können mit Phantasie bearbeitet werden, Gott nicht. Von allen Personen kann erzählt werden, was sie sich in dieser Geschichte gedacht haben, von Gott nicht. Das zeigt mir, dass auch in unserer westlich-christlichen Tradition eine Scheu besteht, Gott Worte in den Mund zu legen, die nicht in der Bibel stehen.

6. Auch im Christentum gibt es eine Tradition des Lachens und Witze-Erzählens, besonders das Oster-Lachen: Wir lachen über den Tod und haben Teil an der Osterfreude.

7. Es kommt darauf an, wer einen Witz über wen erzählt. Witze über Juden sind in unserer Gesellschaft nur eingeschränkt erzähl-bar. Muslime, die sich in unserer Gesellschaft dem Dauerverdacht ausgesetzt sehen, sie seien Ehrenmörder, Demokratiefeinde und Terroristen, werden gegenüber Witzen, die islamkritisch sind, ver-ständlicherweise manchmal empfindlich.

8. Es kommt darauf an, mit welcher Absicht ein Witz erzählt wird. Geht es darum, den anderen lächerlich zu machen oder sich über Religion lustig zu machen oder geht es um eine kritische Ab-sicht, also darum, einen falschen Glauben zu kritisieren? Oft sind die Aussagen über Gott ja gar keine Aussagen über Gott, sondern über Menschen.

• Maria züchtig das Jesuskind: Das ist Kritik an allen schlagenden Eltern.

• Die Geschichte mit den Golf spielenden göttlichen Personen ist Kritik an menschlichen Allmachtsvorstellungen und menschli-chem Drang unbedingt gewinnen zu wollen – auch mit Schum-meln.

9. Wir leben heute in einer Gesellschaft, die sich auch „Spaßge-sellschaft" nennt. Tabubrüche sind wesentlicher Teil des gesell-schaftlichen Lebens, manchmal auch Marketing-Strategie. Es ist immerhin verständlich, wenn Menschen diese Gesellschaft, der nichts heilig zu sein scheint, massiv kritisieren.

(Dass das unterschiedliche Verständnis nicht religiös, sondern gesellschaftlich bedingt ist, kann auch daran deutlich werden, dass viele Christinnen und Christen in orientalischen Ländern nicht unser westliches Verständnis teilen. Christen in Syrien machen keine Witze über Religion.)

10. Witze aus anderen Kulturen sind manchmal schwer verständlich. Wenn wir die Witze der anderen nicht recht verstehen oder diese uns nicht wirklich lustig erscheinen, ist das nicht deren Humorlosigkeit, sondern unsere Unkenntnis. (Ich selbst lebte fünf Jahre in Papua Neuguinea. Wenn die Leute sich dort Witze erzählten, fand ich das oft eher peinlich, kaum konnte mir ein Witz mal mehr als ein müdes Lächeln abgewinnen. Als ich dann versuchte, den Leuten mal einen 'gescheiten' Witz zu erzählen, hatte ich den Eindruck, die 'verstanden' meinen Witz nicht recht.)

Literatur:

• Ulrich MARZOLPH (Hg.), Nasreddin Hodscha. 666 wahre Geschichten, München 2006 (1996) – Das umfassendste Nasreddin-Buch, das ich fand. Viele andere Sammlungen scheinen mir 'gereinigt' zu sein, so dass z. B. sexuelle Anspielungen fehlen.

• Abdelhamid HUSSEIN, Arabische Witze, dtv München 2004 –Die in meinen Augen 'westlichste' Sammlung, die ich fand, enthält auch moderne politische Witze.

• Sam KABBANI (Hg.) Arabische Witze und Anekdoten, Neu Isenburg 2006 – Diese arabischen Witze sind mir sehr viel fremder, scheinen mir auch weniger aktuell und modern.

• Arndt GRAF, Johanna PANGESTIAN-HARAHAP (Hgg.), Lachen mit Gus Dur. Islamischer Humor aus Indonesien, Bandung 2005

• Der Himmel wird's wissen: Derwisch-Witze, Frankfurt/Main 1987

• Salcia LANDMANN, Jüdische Witze, dtv München 2007

• Gisela MATTHIAE, Wo der Glaube ist, da ist auch Lachen: Mit Clownerie zur Glaubensfreude, Kreuz-Verlag Stuttgart 2013

• Atilla YAKUT, Humor im Islam, Landeck Verlag, Frankfurt

Christlich-islamisches Fußballspiel mit Grillfest

Seit 2007 lädt die CIG Karlsruhe jedes Jahr am ersten Mittwoch im Juli zu einem christlich-islamischen Fußballspiel und einem anschließenden Grillfest ein. Die Fußballmannschaften sind bunt zusammengewürfelt aus Vorstandsmitgliedern der CIG, Spielern aus einer Lehrersportgruppe eines kirchlichen Gymnasium, Aktiven aus Moscheevereinen, aber auch schon der eine oder andere Vereinsfußballer hat teilgenommen.

Als Gästen eines Karlsruher Sportvereins wurde uns im ersten Jahr ein etwas holpriges Übungsfeld zugewiesen, inzwischen haben wir uns auf das beste Feld des Vereines vorgearbeitet. Während wir anfangs noch eher mit Kleinfeldteams gegeneinander antraten, haben wir heute den Luxus von Auswechselspielern. In den ersten Jahren trat unsere christliche Vorsitzende als Schiedsrichterin an. Inzwischen hat sich ihre Rolle aber fast ganz auf den An- und den Schlusspfiff reduziert – ansonsten einigen sich die Teams untereinander.

Als Fans beider Teams traten Familienmitglieder der Spieler, Mitglieder der CIG, aber auch der Dialogbeauftragte eines Moscheevereins und Vereinsverantwortliche des Sportvereins auf. So führen wir am Rande des Spielfeldes immer auch Gespräche abseits des Fußballs und lernen uns einfach näher kennen.

Sehr positiv überrascht hat uns von Anfang an das positive Medienecho. Wann immer wir der Presse entsprechende Informationen zur Verfügung stellten, wurde auch etwas veröffentlicht.

Dem Fußballspiel folgt immer ein Grillfest im Caritas-Waldheim in unmittelbarer Nachbarschaft zum Sportplatz. Auch dieses Grillfest ist ein wichtiger Dialog- und Lernort für die Beteiligten. Mag es für viele christliche Fußballspieler in Deutschland eine Selbstverständlichkeit sein, nach dem Sport ein Bier zu trinken, war für uns die Entscheidung klar: Alkohol wollen wir nicht anbieten. Wenn wir gemeinsam ein Fest anbieten, heißt das eben nicht: Jeder wie er Lust hat, sondern so, dass wir aufeinander Rücksicht nehmen und das Fest wirklich ein gemeinsames wird.

Ich habe den Eindruck, dass unsere muslimischen Mitglieder und Gäste das als sehr entlastend aufgenommen haben, mit Christinnen und Christen zusammen feiern zu können, ohne damit rechnen zu müssen, dass Alkohol getrunken wird.

Auch beim Fleisch, das wir grillen, hat sich zwischenzeitlich durchgesetzt, dass einfach ausschließlich Halal-Fleisch angeboten wird. Anfangs mussten sich manche unserer christlichen Gäste erst daran gewöhnen, dass es nicht angemessen ist, auf dem gleichen Grill, auf dem das Fleisch für Muslime gegrillt wird, auch eine Schweinsbratwurst zu grillen oder auch nur ein Lammkotelett, das nicht halal geschlachtet wurde. So entspannen sich im Laufe unseres Grillfestes in guter Atmosphäre immer wieder Gespräche über das, was halal ist und was nicht, und über die Bedeutung von Gottes Geboten im Alltag.

Die Christlich-Islamische Gesellschaft – Dr. Thomas Lemmen, Köln

Entstehung, Selbstverständnis und Tätigkeiten

Die Christlich-Islamische Gesellschaft e. V. (CIG) wurde 1982 in Iserlohn gegründet und hat seit 1989 ihren Sitz in Köln. Ihre knapp 200 Mitglieder, von denen mehr als zwei Drittel in Nordrhein-Westfalen ansässig sind, verteilen sich zu gleichen Teilen auf Musliminnen und Muslime sowie evangelische und katholische Christinnen und Christen. Zu den Mitgliedern zählen Dialogbeauftragte aus Kirchen- und Moscheegemeinden, Gemeindemitglieder sowie am Dialog Interessierte aus beiden Religionen. Der Verein bildet ein Netzwerk von Menschen, die auf unterschiedlichen Ebenen in der christlich-islamischen Dialogarbeit engagiert sind.

Die Christlich-Islamische Gesellschaft e. V. ist die älteste und größte christlich-islamische Dialogvereinigung in Deutschland. Ihre Aufgabe ist es, die Begegnung und Verständigung von Christen und Muslimen zu fördern, um damit das Zusammenleben der Angehörigen beider Religionen zu verbessern (Lemmen 2003). Voraussetzung ist dabei, dass sich jede und jeder in Treue zum eigenen Glauben um eine aufrichtige Begegnung mit den Anderen bemüht. Der Christlich-Islamischen Gesellschaft e. V. geht es um gegenseitiges Verstehen, aus dem gemeinsames gesellschaftliches Engagement erwächst. „Das Gemeinsame soll herausgestellt, das Trennende nach Möglichkeit so erklärt werden, dass die gegenseitige Verständigung fortschreitet" heißt es in der Grundsatzerklärung der Christlich-Islamischen Gesellschaft e. V. von 1983.

Seit Ende 2008 unterhält die CIG eine Geschäftsstelle in Köln. Mit Unterstützung des Landes Nordrhein-Westfalen hat sie das Informations- und Kompetenzzentrum Dialog mit dem Islam in Nordrhein-Westfalen eingerichtet. Aufgabe des Zentrums ist die

Bereitstellung von Informationen und die Vermittlung von Kompetenzen für den Dialog mit Muslimen. Im Rahmen des Projekts gibt es unter der Adresse www.christenundmuslime.de ein Internetportal mit Newsletter. Ein weiterer Projektbereich ist die Bildungsarbeit. Sie umfasst Fort- und Weiterbildungsangebote für öffentliche Verwaltungen, Krankenhäuser, Hospize, Rettungsdienste, Notfallseelsorgedienste, Seniorenheime und Polizeibehörden.

Seit 2012 erstellt die Christlich-Islamische Gesellschaft e. V. im Auftrag des Ministeriums für Arbeit, Integration und Soziales des Landes Nordrhein-Westfalen einen interreligiösen Kalender im Format eines Posters.

Darüber hinaus führt der Verein – häufig in Kooperation mit anderen Trägern – Bildungsveranstaltungen durch oder organisiert Moschee- und Kirchenführungen. Ferner steht er für Fragen des alltäglichen Zusammenlebens als Ansprechpartner zur Verfügung oder vermittelt Referentinnen und Referenten für Vortragsveranstaltungen. Eine besondere Aufgabe ist die Beratung christlich-muslimischer Paare.

Unter der Moderation der Christlich-Islamischen Gesellschaft e. V. besteht seit 2002 das Christlich-Islamische Forum in Nordrhein-Westfalen als Gesprächskreis zwischen christlichen und muslimischen Institutionen auf Landesebene (Lemmen 2011). Die islamische Seite ist vertreten durch vier Moscheeverbände und vier islamische Gruppierungen, die in bestimmten Fachfragen tätig sind. Von christlicher Seite gehören dem Forum die Dialogbeauftragten zweier evangelischer Landeskirchen und der fünf katholischen Bistümer an. In dieser Konstellation ist das Christlich-Islamische Forum eine in Deutschland einzigartige kontinuierliche Initiative. In Trägerschaft des Christlich-Islamischen Forums haben 2002 in Mülheim/Ruhr, 2005 in Schwerte und 2009 in Duisburg große öffentliche Veranstaltungen zu Fragen des gesellschaftlichen Zusammenlebens und des Dialogs von Christen und Muslimen stattgefunden. Am 10. Mai 2014 fand in Krefeld erstmalig ein landesweiter Tag des christlich-islamischen Dialogs statt.

Abgesehen von projektbezogenen Unterstützungen sind Spenden und ehrenamtliches Engagement wirtschaftliche Grundlagen der Arbeit der Christlich-Islamischen Gesellschaft e. V. Der Vorstand setzt sich paritätisch aus sechs Christinnen und Christen sowie sechs Musliminnen und Muslimen zusammen. Für das Selbstverständnis der Christlich-Islamischen Gesellschaft e. V. ist wesentlich, dass man miteinander und nicht übereinander redet. Der Dialog ist eine gemeinsame Aufgabe, der sich Christen und Muslime aus dem Glauben heraus zusammen stellen. Nicht allein die gesellschaftlichen Herausforderungen der Gegenwart, sondern bereits das Bekenntnis des Glaubens an Gott verpflichtet beide zu partnerschaftlichem Dialog und gemeinsamem Handeln. Diese Haltung kommt in der erneuerten Grundsatzerklärung von 2008 mit folgenden Worten zum Ausdruck: „Unsere Erfahrung zeigt, dass der Dialog zwischen Christen und Muslimen gelingt, wenn er aufrichtig auf Augenhöhe geführt wird und seine religiöse Grundlage nicht vergisst. Der Dialog gefährdet weder die eigene Glaubensüberzeugung noch das eigene religiöse Profil der Dialogpartner. Er vertieft vielmehr den eigenen Glauben und fördert den Respekt vor dem Anderen. Er macht es möglich, den Dialogpartner als Gläubigen und als Träger einer gemeinsamen Verantwortung vor Gott und den Menschen zu achten und wertzuschätzen. Der gemeinsame Glaube an den einen Gott, den Schöpfer, dem wir alle in Verehrung, Verantwortung und Hoffnung gegenüberstehen, ist die sichere Grundlage, die den Dialog möglich und fruchtbar macht. Die Wahrung unserer verschiedenen religiösen, kulturellen und spirituellen Zugänge und Überzeugungen erfährt durch den gegenseitigen Respekt eine Aufwertung. Der Wunsch, einander kennen zu lernen, den eigenen Glauben zur Sprache zu bringen und den Glauben des anderen zu verstehen und zu erfahren, schafft ein Miteinander gläubiger Menschen, die sich ihrer gemeinsamen gesellschaftlichen Verantwortung bewusst sind."

Notfallbegleitung für Muslime und mit Muslimen

Die Christlich-Islamische Gesellschaft e. V. und das Landes-
pfarramt für Notfallseelsorge der Evangelischen Kirche im
Rheinland (EKiR) haben mit Unterstützung muslimischer
Organisationen bisher viermal einen Grundkurs zur Ausbildung
muslimischer Notfallbegleiterinnen und -begleiter durchgeführt.
Ziel des Angebots ist es, Musliminnen und Muslime zur ehrenamtlichen Mitarbeit in der Notfallseelsorge zu qualifizieren.

Die Anregung für das Projekt ist aus der Praxis erwachsen. Notfallseelsorger, Feuerwehrleute und Polizisten hatten die Christlich-
Islamische Gesellschaft e. V. um Rat und Unterstützung für die
Betreuung von Muslimen in Notsituationen gebeten. Eine aus
Christen und Muslimen paritätisch zusammengesetzte Arbeitsgruppe hat ab 2006 die konzeptionellen Voraussetzungen erarbei-
tet. Eine Fachtagung lieferte Ende 2008 wichtige Erkenntnisse zur
Klärung theologischer und praktischer Fragen eines Ausbildungskurses.

Das Curriculum für die Ausbildung ehrenamtlicher Mitarbeiter
in der Notfallseelsorge der evangelischen Landeskirchen wurde
übernommen und den besonderen Anforderungen für Muslime
angepasst. An der Entwicklung des Curriculums waren außer den
Mitarbeitenden des Landespfarramts für Notfallseelsorge der
Evangelischen Kirche im Rheinland und der Arbeitsgruppe der
Christlich-Islamischen Gesellschaft e. V. auch Vertreter der Türkisch-Islamischen Union der Anstalt für Religion e. V. (DİTİB), der
Islamischen Gemeinschaft Milli Görüş e. V. (IGMG) und des Verbandes der Islamischen Kulturzentren e. V. (VIKZ) beteiligt. Das
Konzept ist somit mit den wichtigsten Moscheeverbänden in
Deutschland abgestimmt. Auch andere Organisationen unterstüt-
zen und bewerben das Angebot.

Der Kurs findet in Form von Tagesseminaren vierzehntägig
samstags statt. Die beiden ersten Kurse umfassten sechs Einheiten,

ab dem dritten Kurs ist das Programm auf zehn Einheiten erweitert worden. Hinzu kommen am Anfang ein Informationsabend über Verlauf des Kurses und Arbeitsweise der Notfallseelsorge, am Ende eine Veranstaltung zur Vermittlung in die örtlichen Strukturen der Notfallseelsorge und eine Feier mit Zertifikatsvergabe. Am ersten Kurs (2009/2010) nahmen 50 Personen in zwei Gruppen teil. Für den zweiten (2010/2011) und dritten Kurs (2012/13) standen jeweils 20 Plätze zur Verfügung. Die Resonanz auf das Angebot war stets größer als die Platzkapazitäten: Der vierte Kurs hat im Frühjahr 2014 begonnen.

Während die beiden ersten Kurse sich an Interessierte aus dem Rheinland richteten, war der dritte Grundkurs auf ausgewählte Städte konzentriert, in denen es bereits einzelne Notfallbegleiter gab oder die den Wunsch nach Einrichtung einer muslimischen Notfallbegleitung artikuliert hatten. Ziel war, eine Gruppe von jeweils mindesten vier bis fünf Personen für die Zusammenarbeit mit der Notfallseelsorge auszubilden. Die Bewerber kamen aus Duisburg, Solingen, Köln, Wuppertal und Kempen. Der vierte Kurs richtete sich an Interessierte aus Duisburg, Oberhausen, dem Rhein-Erft-Kreis, Solingen und Köln.

Die Zulassung zum Kurs erfolgt auf der Grundlage eines Auswahlverfahrens. Kriterien für die Bewerbung sind Alter (25 bis 65 Jahre), persönliche Eignung und Bereitschaft zur Mitarbeit in der Notfallseelsorge. In Dortmund hat in Zusammenarbeit von Christlich-Islamischer Gesellschaft e. V. und Ökumenischer Notfallseelsorge 2010/11 ein integrierter Grundkurs in Anlehnung an das Kölner Modell stattgefunden. An diesem Kurs nahmen fünf Muslime zusammen mit 15 Christen teil.

Knapp 75 Musliminnen und Muslime haben die Grundkurse in Köln bisher erfolgreich absolviert. Die ersten Absolventinnen und Absolventen sind in Köln und anderen Städten im Einsatz. Die Nachfrage hat seither nicht nachgelassen.

Das von den Bundesministerien des Innern und der Justiz gegründete Bündnis für Demokratie und Toleranz hat das Projekt für sein vorbildliches, zivilgesellschaftliches Engagement mit dem ersten Preis Aktiv für Demokratie und Toleranz 2010 ausgezeichnet. Am 26. September 2011 ist im Gütersloher Verlagshaus ein Kursbuch mit Materialien zum Projekt erschienen. Es enthält einen Leitfaden für die Planung und Konzeption eines Ausbildungskurses.

Mit dem Curriculum sind folgende Grundsatzentscheidungen verbunden:

1. Das Angebot richtet sich an Muslime, die Muslimen in Notsituationen beistehen wollen. Es handelt sich nicht um ein religionsübergreifendes Modell.

2. Für das Projekt wurde der Begriff der Notfallbegleitung eingeführt. Der Begriff Notfallseelsorge ist an das christliche Verständnis der Seelsorge gebunden.

3. Das Projekt basiert auf der Integration in die bestehenden Strukturen der Notfallseelsorge. Am Ende des Kurses werden die muslimischen Notfallbegleiterinnen und -begleiter in die örtlichen Strukturen der Notfallseelsorge weitervermittelt Sie kommen in der Regel im Zuge einer Nachalarmierung durch einen Notfallseelsorger zum Einsatz. In einem Notfall wird die Einsatzleitstelle oder der Rettungsdienst zunächst den Notfallseelsorger vom Dienst alarmieren. Er wird die muslimische Notfallbegleitung in seinem Bereich nachalarmieren.

Die Regelungen zur Zusammenarbeit können unterschiedlich sein. In Köln besteht die Vereinbarung, dass Notfallbegleiter und Notfallseelsorger gemeinsam in den Einsatz fahren. Dadurch ist die Begleitung und anschließende Nachbereitung des Einsatzes gewährleistet.

Literatur:

- Christlich-Islamische Gesellschaft (1983): Grundsatzerklärung der Christlich-Islamischen Gesellschaft. Beschlossen auf der Mitgliederversammlung am 19. Februar 1983 zu Iserlohn,
- Christlich-Islamische Gesellschaft (2008): Für einen partnerschaftlichen Dialog zwischen Christen und Muslimen. Erneuerte Grundsatzerklärung anlässlich des 25-jährigen Bestehens der Christlich-Islamischen Gesellschaft e. V. Beschlossen auf der Mitgliederversammlung am 27. Februar 2008 in St. Augustin, siehe www.chrislages.de/intern/grundsatz2007.html
- Lemmen, Thomas (2003): Christlich-Islamische Gesellschaften als Erfahrungsfelder des theologischen Dialogs zwischen Muslimen und Christen, in: Schmid, Hansjörg - Renz, Andreas - Sperber, Jutta (Hrsg.): Herausforderung Islam. Anfragen an das christliche Selbstverständnis, Theologisches Forum Christentum - Islam, Hohenheimer Protokolle Bd. 60, Stuttgart, S. 149-157.
- Lemmen, Thomas (2011): Das Christlich-Islamische Forum. Ein Modell christlich-islamischer Zusammenarbeit, in: Riedl, Bernhard - Schwadorf, Gisela (Hrsg.): Dialog leben. Festschrift für Werner Swen Höbsch zum sechzigsten Geburtstag, Norderstedt, S. 114-119.

Der Beitrag ist die gekürzte Fassung meines Beitrages „Christlich-Islamische Gesellschaft" im „Handbuch Christentum und Islam in Deutschland. Grundlagen, Erfahrungen und Perspektiven des Zusammenlebens", Rohe, Mathias - Engin, Havva - Khorchide, Mouhanad - Schmid, Hansjörg (Hrsg.), Herder-Verlag 2014.

Islamischer Wohlfahrtsverband und Standardisierung der Ausbildung Islamische Seelsorge – Talat Kamran, Mannheimer Institut

Zum Einstieg in die Thematik hilft ein Blick auf die aktuelle Diskussion und das, was auf Veranstaltungen und von der Islamkonferenz zu lesen und zu hören ist. Ein muslimischer Wohlfahrtsverband soll gegründet, das drängende Thema Seelsorge nun endlich aufgegriffen werden.

Für und Wider eines islamischen Wohlfahrtsverbands

DITIB, die Türkisch-Islamische Union der Anstalt für Religion mit rund 900 Moscheen und unterschiedlich genannten 150.000 bis 220.000 Mitgliedern arbeitet am Projekt eines muslimischen Wohlfahrtsverbands, der in allen relevanten Wohlfahrtsbereichen tätig werden soll und z. B. die Krankenhausseelsorge professionalisiert. Nach Jahren, besser gesagt nach Jahrzehnten, kommen die Schritte vom Reden zum Tun. Jedenfalls die Seelsorge betreffend, wo regionale Initiativen in Kooperation mit den christlichen Kirchen u. a. Stellen in Hamburg, Niedersachsen, in Wiesbaden, Frankfurt, München und breit aufgestellt in Baden-Württemberg die Machbarkeit unter Beweis gestellt haben.

Ein möglicher Alleingang von DITIB stößt nicht gerade auf Zustimmung der anderen großen islamischen Glaubensgemeinschaften, z. B. des Zentralrats der Muslime (ZdM), der für einen gemeinsamen Wohlfahrtsverband aller Glaubensgemeinschaften und Konfessionen plädiert, weil dann jedenfalls alle rund 2600 Moscheen, auch die nicht an eine Glaubensgemeinschaft gebundenen Moscheen, beteiligt wären.

Wobei anzumerken ist: Rund 400.000 Muslime, etwa 10 % der muslimischen Mitbürger, sind Mitglieder der örtlichen Moscheevereine von DITIB und der anderen (Glaubens-)Gemeinschaften: VIKZ – Verband islamischer Kulturzentren, IGMG – Islamischen Gemeinschaft Millî Görüş , IGBD – Islamische Gemeinschaft der Bosniaken in Deutschland – Zentralrat, AMJ – Ahmadiyya Muslim Jamaat, AABF – Alevitische Gemeinde Deutschlands und auch der Türkischen Gemeinde in Deutschland (TGD).

Auch das Innenministerium hat seine Sicht auf einen muslimischen Wohlfahrtsverband. Dort hat man eher die Integration, den Zusammenhalt der Gesellschaft im Focus und fragt sich, ob nicht eine enge Zusammenarbeit mit den bestehenden Wohlfahrtsorganisationen der bessere Weg ist, z. B. durch Gliederung der Einrichtungen in einen christlichen bzw. allgemeinen Teil und einen Bereich für Muslime, der dann den kulturellen und religiösen Erfordernissen entsprechend ausgestattet ist und von muslimischem Personal betreut wird.

Seelsorge ist ein drängendes Problem

Vor diesem Hintergrund ist das drängende Problem der islamischen Seelsorge mit seinen Herausforderungen zu betrachten. Die Analyse bislang gesammelter Daten hat gezeigt, in welchen Feldern Seelsorge für Muslime entwickelt werden sollte:

Ausgehend von 16,9 % der Bevölkerung, die in Deutschland im Laufe eines Jahres vollstationär in ein Krankenhaus aufgenommen werden, sind geschätzt ca. 676.000 Muslime im Laufe eines Jahres Patient/-innen in einem Krankenhaus.

Legt man einen Bevölkerungsanteil der Muslime von 4,9 % zugrunde, dann ist bei insgesamt etwa 2,5 Mio. Pflegebedürftigen von etwa 120.000 pflegebedürftigen Muslimen auszugehen.

Auch in den Altenheimen ist in der Zukunft mit einer wachsenden Zahl von muslimischen Bewohner/-innen zu rechnen.

Von den ca. 80.000 Gefängnisinsassen könnten etwa 8 bis 10 % Muslime sein, damit etwa 7000. Mit Blick auf die politische wie gesellschaftliche Situation und mögliche Radikalisierung von Gefängnisinsassen ist sicher einer islamischen Gefängnisseelsorge Priorität einzuräumen.

In diesen Bereichen sollte vordringlich etwas geschehen, sollte der Verfassungsanspruch auf Seelsorge in der ganzen Republik realisiert werden. Sicher war und ist es gut, dass in verschiedenen Regionen bzw. Städten Initiativen für islamische Seelsorge durch persönliches, meist ehrenamtliches Engagement entstanden sind und erfolgreich arbeiten. Auf diese Weise, mit unterschiedlichen Ausbildungen, wird aber kaum eine bundesweite Seelsorge zustande kommen, die allgemein von aufnehmenden Einrichtungen akzeptiert wird. Hinzu kommt der enorme finanzielle Aufwand für Einzelinitiativen, der bei möglicher Standardisierung Verschwendung wäre.

Deshalb hat das Mannheimer Institut für Integration und interreligiösen Dialog den Schritt der Organisation einer Fachtagung Anfang März 2015 zur Standardisierung der Ausbildung unternommen. Der Vorschlag, die Ausbildung zu standardisieren, liegt den Glaubensgemeinschaften nun über zwei Jahre vor.

Schritt zur Professionalisierung der Seelsorge – die Standardisierungs-Fachkonferenz

Das Programm der Fachtagung war praxisorientiert, zeigte Wege auf, wie in einem Zeitraum von ca. fünf bis sieben Jahren die islamische Seelsorge in den wichtigsten Seelsorgebereichen bundesweit für die muslimischen Mitbürger etabliert, den Menschen in den unterschiedlichsten Lebenssituationen geholfen werden kann.

Standardisierung bedeutet nach den gegebenen Darstellungen auch, auf dem Know-how der regionalen Initiativen, der christlichen Kirchen, der Einrichtungen mit interner Seelsorge, der Imame und nicht zuletzt dem von staatlichen, privaten und Wirtschafts-Bildungsunternehmen aufzubauen. Das Rad muss nicht neu erfunden werden.

Ziele der Standardisierung sind:

• Eine gleichbleibend hohe Qualität der Ausbildung an jedem Ausbildungsort von Kiel bis München.

• Sicherheit für Auszubildende wie ausbildende Organisationen schaffen.

• Verschwendung von finanziellen, materiellen und personellen Ressourcen vermeiden.

Große Finanzierungsprobleme, weil Deutschland ganz anders aufgestellt ist

Jetzt wird sich zeigen, wie ernst es den Glaubensgemeinschaften mit der Schaffung der Seelsorge ist. Keine Frage, es gilt mühsam Strukturen zu schaffen, kompetente Mitarbeiter zu gewinnen bzw. aus den eigenen Reihen zu entwickeln. Und alle die Finanzierung der Seelsorge betreffenden Fragen müssen, bundesdeutsche Realität betrachtend, mit den harten Fakten und Daten diskutiert werden.

Eine Kirchensteuer wie in Deutschland gibt es in anderen Ländern nicht. Glaubensgemeinschaften finanzieren sich durch Spenden. Aus der Kirchensteuer leisten die christlichen Kirchen die Bezahlung z. B. der Krankenhausseelsorger/-innen. Kaum vorstellbar ist, dass die Glaubensgemeinschaften nach Anerkennung als Körperschaft öffentlichen Rechts eine vergleichbare Steuer erheben lassen. Selbst wenn dieser Schritt mit anderer Benennung getan würde, die rund 400.000 Mitglieder können die in die Millionen gehenden Aufwandsbeträge nicht aufbringen. Wie soll vor diesem Hintergrund der kalkulierbare Aufwand für die verschiedenen Seelsorgebereiche finanziert werden? Müssen vielleicht auch dabei neue Wege gegangen werden?

Holland macht es uns vor

Holland, unser Nachbar mit knapp 17 Millionen Einwohnern, geht bei der Seelsorge seit Jahrzehnten erfolgreich einen anderen Weg. Dort ist Seelsorge, die geistliche Beratung, integrierter Dienst der Gesundheitsleistungen. Dort gibt es einen unabhängigen Verband, in dem sich die heute um die 1000 Seelsorgerinnen und Seelsorger vor bald 40 Jahren organisiert haben.

Die Seelsorge-Qualitätsstandards des Verbands sind von den staatlichen Stellen, Glaubensgemeinschaften und den Seelsorger/-innen aufnehmenden Organisationen akzeptiert. Als Teil der Gesundheitsleistungen ist die Seelsorge kalkulatorisch im Beitrag zur Krankenversicherung enthalten und damit finanziert.

Beiträge des SprecherInnen-Kreises der Christlich-Islamischen Arbeitsgemeinschaft Marl

Interkulturelle und interreligiöse Gemeinwesenarbeit

1. Der Anfang

Den Anstoß zu Initiativen des Bürgerengagements und der Bildung von Runden Tischen gab im Jahr 1984 der Bürgermeister der Stadt Marl, Günter Eckerland, mit anderen Kommunalpolitikern und Einrichtungen - im Interesse von „Frieden in der Stadt".

Trotz dieses Ausgangspunktes ist die Christlich-Islamische Arbeitsgemeinschaft (CIAG) keine Einrichtung von oben, d. h. keine gemeinsame Kommission von verschiedenen Institutionen, sondern eine Art Bürgerinitiative von Einzelnen, die von der Sache überzeugt sind, diese Sache „überall" vertreten und in diesem Sinne in freiwilliger Übereinkunft solidarisch zusammenarbeiten. Es gibt immer wieder Gespräche mit den Gremien der religiösen Gemeinden zu Rückkopplung und Abstimmung. Und die CIAG nimmt deren Möglichkeiten wie Büros, Räumlichkeiten usw. immer wieder gerne in Anspruch. Die CIAG hat weder eine Satzung, ist z. B. kein Verein, noch ein Vereins-Büro, geschweige denn ein eigenes Budget, genießt aber Unterstützung befreundeter religiöser, kommunaler und anderer Institutionen. Die CIAG ist in Marl unabhängig und doch ein Politikum. Für größere Projekte (z. B. Abrahamsfest) werden Gelder akquiriert.

2. Zielgruppen

Die CIAG Marl besteht seit jenem Runden Tisch Anfang 1984; sie wirkt ohne Unterbrechung, kontinuierlich und beharrlich. Von Anfang orientiert sich die Arbeit an drei Zielrichtungen:

* Begegnung zwischen den religiösen Gemeinden in Marl und ihren Mitgliedern

* interkulturelles Lernen und Zusammenleben in Marler Schulen

* öffentlichkeitswirksame große Veranstaltungen, wie z. B. das jährliche Abrahamsfest seit Herbst 2001

Konzeptionell und methodisch bemüht sich die CIAG von Anfang an, zwei Fehler zu vermeiden, den Fehler Religion zu ignorieren oder auszugrenzen und den Fehler Religion oder bestimmte religiöse Standpunkte/Organisationen zu verabsolutieren. Im Vordergrund steht immer das ganze Gemeinwesen, das demokratische, pluralistische Miteinander. In Konflikten bemüht sich die CIAG um Interessenausgleich, möglichst Deeskalation und setzt auf „positives" Wirken durch „positive" Botschaften im Interesse der Entwicklung eines gemeinsamen, kooperationsfreundlichen Bewusstseins in der Bevölkerung, insbesondere auch bei EntscheidungsträgerInnen.

3. Zugang zu den Zielgruppen

Dem derzeit zwanzigköpfigen SprecherInnenkreis der CIAG gehören Frauen und Männer aller Altersstufen an, Berufstätige, evangelische und katholische PfarrerInnen ebenso wie Vorsitzende von Moschee-Gemeinden, Lehrer aus „zentral" wichtigen Schulen und Personen mit Verbindungen zu Medien und Politik und „säkularen", d.h. auch religionsskeptischen Milieus. Der Sprecherinnenkreis tagt regelmäßig monatlich öffentlich.

Der Kontakt zu speziellen Zielgruppen wird über die Projekte des CIAG hergestellt:

* Jährlicher AntiRassismustag der Marler Schulen - initiiert von der CIAG und inzwischen in gemeinsamer Trägerschaft der Stadt Marl, der CIAG und der dafür federführenden Martin Luther King (Gesamt-)Schule, bei Mitwirkung aller Schulen Marls. Es ist ein schulübergreifender Projekttag jeweils Mitte März mit

ca. 30 ehrenamtlich und beruflich tätigen Personen als Teamerinnen und mit ca. 350 Schülerinnen der Jahrgangsstufe 6.

- Zwei Frauengruppen mit alltagspraktischen, interreligiösen und gesellschaftspolitischen Themen und Profilen.

- „Kunterbuntes Chamäleon", ein interkulturelles Schul-, Jugend- und Stadtteil-Projekt in der bereits genannten Martin Luther King (Gesamt-)Schule bzw. zwischen Schule und Stadtteilen. Ein Kooperationsprojekt der CIAG, dieser Gesamtschule, Jugendamt der Stadt, Ev. Stadt-Kirchengemeinde Marl, in der Trägerschaft der Ev. SchülerInnenarbeit Westfalen in Hagen-Berchum.

- Beratung für interkulturell/interreligiöse Programme in Kindergärten, Schulen und in spezifischen Gemeinwesen-Programmen in entsprechenden Stadtteilen.

- Im Sinne der o. g. Zielrichtung findet seit 2001 das jährliche Abrahamsfest statt (siehe den anderen Bericht).

4. Lernfelder

Siehe den aktuellen Flyer der CIAG, den Sie im Internet finden auf www.abrahamsfest-marl.de.

5. Ziele des Projekts

Friedliches Zusammenleben am Ort, Zusammenarbeit für eine lebenswerte Stadt in einer Bevölkerung der Vielfalt und der Interaktion auf gleicher Augenhöhe und mit aufrechtem Gang.

Wir bemühen uns, solche Ideen auch überörtlich einzubringen, wo wir eingeladen werden oder z. B. in Kirchentagen.

Die CIAG Marl ist Gründungsmitglied des Koordinierungsrates des christlich-islamischen Dialogs (KCID).

2013 – 13 Jahre Abrahamsfeste in Marl

Vorbemerkung: Der folgende Beitrag stammt, an der Überschrift erkennbar, aus dem Jahr 2013. Anfang 2015 bereiten die Akteure in Marl schon das 15. Abrahamsfest vor. Es beginnt im Herbst mit der Auftaktveranstaltung in der Kreis-Synagoge in Recklinghausen am Sonntag, 20. September 2015, um 17 Uhr mit dem Thema: „Musik / Wort / Begegnung". Thematisch kreisen das 14. und 15. Abrahamsfest um das epochale Thema „Medien in digitalen Zeiten - Wissen und Gewissen". Schirmfrau für beide Abrahamsfeste: Frau Aydan Özoguz, MdB, Staatsministerin bei der Bundeskanzlerin und Beauftragte der Bundesregierung für Migration, Flüchtlinge und Integration. Zu der wachsenden Zahl von Kooperationspartnern gehören in 2014 das Grimme-Institut Marl, das Zeitungs- und Medienhaus Bauer (mit Dominanz im nördlichen Ruhrgebiet und südlichen Münsterland) und das Hans Böckler Berufskolleg Marl mit dem Schwerpunkt Medientechnik/-Ausbildung und in 2015 das Skulpturenmuseum Glaskasten Marl mit dem international herausragenden Schwerpunkt Medien-Video-Kunst und der Chemiepark Marl mit seinen digitalisierten Produktionsabläufen.

Zum dreizehnten Mal seit Herbst 2001 stand Marl wieder deutlich im Zeichen von Abraham. In Schulen, im Rathaus, in religiösen Gemeindezentren, in Geschäften und an Litfaßsäulen gab es auffällig leuchtend gelbe Plakate, auf denen ABRAHAM und Weiteres zu lesen war. Das jährliche Abrahamsfest in Marl läuft immer mehrere Wochen oder gar Monate im Herbst eines Jahres, zwischen September und Mitte/Ende Dezember.

Veranstaltet wird es seit dem ersten Mal im Herbst 2001 (kurz nach dem 11. September) von der Christlich-Islamischen Arbeitsgemeinschaft Marl in Zusammenarbeit mit den Kirchen und Moscheen in Marl, mit der Jüdischen Kultusgemeinde Kreis Recklinghausen, dem Integrationsrat Marl und der Stadt Marl. Dazu kommen jedes Jahr rund 50 thematische Kooperationspartner aus Marl oder dem Umkreis.

Finanziell und auch ideell gefördert wird jedes Abrahamsfest von der Stadt Marl, dem Bistum Münster und der Evangelischen Kirche von Westfalen. Staatlicherseits hat einige Jahre lang das Bundesministerium des Innern gefördert und in den letzten Jahren fördert das Land NRW, d. h. das Integrationsministerium im Rahmen niederschwelliger Integrationsprojekte. Die Groeben-Stiftung und DITIB gehörten zu den finanziellen Förderern in der Anfangsphase.

Die Homepage „Abrahamsfest-Marl.de" gibt viele Informationen, ebenso der entsprechende Artikel in Wikipedia.

Was uns wichtig geworden ist und was „MUT ZUM DIALOG" macht und bestärkt, fasse ich in 4 Punkten zusammen:

1. Zusammentreffen der Basis mit prominenten Persönlichkeiten

Bei Veranstaltungsthemen und –orten (in religiösen Gemeindezentren, Schulen, im Rathaus oder auf öffentlichen Plätzen) und bei Referierenden verbinden wir immer zwei Ebenen und Sichtweisen: Einerseits beziehen wir uns auf Basisprozesse vor Ort und definieren einen klarem Bezug zum Alltag und andererseits laden wir herausragende Persönlichkeiten von auswärts ein. Zu Letzterem: z. B. Bundespräsident Johannes Rau (in 2001), Rabbinerin Elisa Klapheck oder Landesrabbiner Dr. Henry Brandt, Diyanet-Präsident Prof. Dr. Bardakoglu aus Ankara oder die international geachtete Goethe-Kennerin Professorin Katharina Mommsen aus Kalifornien, der frühere Domkapitular von Coventry, Paul Oestreicher, Sylvia Löhrmann als stellvertretende Ministerpräsidentin und Schulministerin in 2012, Guntram Schneider als Minister für Arbeit, Integration und Soziales NRW, der auch Schirmherr vom 13. Abrahamsfest gewesen ist.

2. Zusammenarbeit vieler Menschen

Verantwortlich für das Abrahamsfest Marl stehen viele Menschen „im Stillen" und eine namentliche Projektgruppe mit circa 20 Personen: Diese sind die SprecherInnen der Christlich-Islamischen Arbeitsgemeinschaft Marl plus weitere Personen von der Jüdischen Kultusgemeinde Kreis Recklinghausen und der Goethe-Gesellschaft: Wir sind eine wunderbare bunte und solidarische Gruppe: Frauen und Männer, Jung und Alt im Spektrum von 20 bis über 70 Jahre, aus Christentum und Islam und Judentum, vielfältig in der persönlichen Frömmigkeit und Weltanschauung, aus vielerlei Berufen, aus allen demokratischen Parteien. Wir sind miteinander vertrauensvoll verbunden und wir sind vernetzt mit allen wichtigen Stellen in Marl. Wir sind aus persönlicher Leidenschaft, aus Idealismus beieinander, ehrenamtlich engagiert und wenn es sein muss: auf eigene Kappe. Wir betreiben keine Schau nach innen und sind auch nicht akademisch milieuverengt, sondern wir suchen das Beste der Stadt.

3. Programme für alle Altersstufen

Seit dem ersten Abrahamsfest in 2001 hat sich ein bestimmter Programmaufbau bewährt. Hierbei ist uns wichtig, dass mehr als die Hälfte aller Begegnungen Heranwachsende, Kinder und Jugendliche erreicht!

Erstens gibt es Programme mit Kindern – sie besuchen sich in ihren Stadtteilen zwischen Moscheen und Kirchen in Verbindung mit dem Unterricht in Kirche oder Moschee.

Zweitens gibt es Programme mit Schulen, Jugendheimen... also mit Jugendlichen und Menschen, die mit ihnen als pädagogische Profis zu tun haben. Dabei bemühen wir uns mit Erfolg um erlebnisorientierte Aktionen und verändern experimentell das ein oder andere von Jahr zu Jahr. Einige Beispiele: Drei Jahre lang gab es die „Abrahams Karawane by night", wo zahlreiche Jugendliche und

einige Erwachsene im Dunkeln trommelnd durch bestimmte Stadt-
teile wanderten und mit Feuerkunst-Aktionen, mit Essen und
Trinken Jugendliche oder Cliquen auf öffentlichen Plätzen aufsuch-
ten.

Oder: Seit dem 10. Abrahamsfest beteiligen sich 8 bis 10 Schulen
aller Schulformen und Altersgruppen bei „Kreativen Workshops
zu Abrahamsgeschichten". Für eine Inszenierung in der Schule
und im Theater Marl erarbeiten sie (möglichst fächerübergreifend)
Themen aus den vielen Abrahamsgeschichten in Thora, Bibel und
Koran für heute.

Seit 2001 ein Klassiker: In jedem Jahr besuchen 15- bis 16jährige
Jugendliche aus zwei Schulen die Synagoge – mit wichtigen Aha-
Erlebnissen. Es ist erfreulich, dass in Marl alle Heranwachsenden
eine Moschee besuchen. Ein Synagogenbesuch steht nicht im
„normalen" Unterrichtsprogramm; es gibt in Marl keine Synagoge,
dazu muss man in die Kreisstadt Recklinghausen fahren, was wir
bei jedem Abrahamsfest mit Erfolg anbieten und wo Jugendliche
merken, dass es jüdisches Leben hierzulande gibt.

In zwei Abrahamsfesten experimentierten wir mit einem Pro-
grammbaustein „My Day": In 2012 unter dem Motto „Die etwas
andere Bildung" versammelten sich 350 Jugendliche der Jahr-
gangsstufen 10 aus allen weiterführenden Schulen in kreativen
Workshops und beim anschließenden festlichen Plenum, sämtlich
in einer Schule. In 2013 galt „My Day" der Frage nach Glücksträu-
men von Jugendlichen hier und weltweit, der geplante digitale
Austausch über eine eigens geschaltete Plattform gestaltete sich
schwerfälliger als gedacht.

Drittens gibt es Programme mit Erwachsenen – sie treffen anre-
gende, oft „prominente" ReferentInnen aus den drei Religionen in
ein und derselben, sorgfältig inszenierten Veranstaltung im Gespräch miteinander und mit dem Publikum. Es geht uns dabei um
Debatten zu Aspekten des jährlichen Gesamtthemas. Zum Beispiel
ging es in 2012 um „Bildung zu Würde und Verantwortung – Für

Bildung braucht's Viele". Die Schulministerin von NRW, Sylvia Löhrmann, und der Staatssekretär für außerschulische Bildung in NRW, Bernd Neuendorf, diskutierten mit selbstbewussten Jugendlichen und erwachsenen Lehrkräften.

Auch in diesem Programmteil probieren wir immer Neues: In 2013 trafen sich an einem Sonntagnachmittag bei einem „Markt der internationalen Möglichkeiten" alle Städtepartnerschaftsvereine, Schulen und religiösen Gemeinden sowie Initiativen und Projekte, wo Menschen von hier mit Menschen in anderen Ländern solidarisch und im Austausch stehen. Es beteiligten sich 40 Vereine zu 50 Themen und sie trafen sich in diesem Rahmen zum ersten Mal mit der Absicht sich zu vernetzen.

Viertens kommen alle Generationen zusammen: Seit 2001 ist das Abrahams-Gastmahl ein Klassiker. Es findet im Rathaus-Saal auf Einladung und in der Schirmherrschaft des Bürgermeisters statt und gilt als Abschluss des jährlichen Abrahamsfestes. Um das gemeinsame Essen und Trinken am Buffet herum platzieren wir interkulturelle Darbietungen aus den beteiligten Gemeinden und laden die Anwesenden zu gemeinsamen Singen oder Knüpfen eines Friedensnetzes ein. Außerdem haben wir seit 2011 den Familiennachmittag entwickelt, wo witzige und an Grundschulkindern orientierte Kurzfilme gezeigt werden, die filmpädagogisch anregend besprochen werden; außerdem gibt es auch hier mittendrin ein Buffet mit Essen und Trinken und Gespräche.

4. Warum „Abraham"?

Abraham und sein Stamm lebten vor mehr als viertausend Jahren im Länder-Viereck zwischen dem heutigen Irak, der südlichen Türkei, Syrien, Libanon, Israel/Palästina, Ägypten und der arabischen Halbinsel. Der Thora und der Bibel zufolge stammt die Familie aus Ur in Chaldäa, am Euphrat im heutigen Irak. Im Koran ist Abraham „Ibrahim" eng auch mit Mekka verbunden. − In den großartigen Erzählungen der Thora, der Bibel und des Koran gibt es Gemeinsames und Unterschiedliches. Allen gemeinsam ist Abrahams Erkenntnis bzw. Bekenntnis des Einen Gottes, was ja verbunden ist mit Kritik an Götzenkult – jeglicher Art: Das heißt auch heute: Wenn bestimmte Geschöpfe, Gewalten oder Systeme (z. B. der Neo-Liberalismus) neben Gott gestellt werden, wenn sie also wie Gott angebetet werden sollen und vergottet werden, wenn auf diese Weise Menschen erniedrigt und versklavt werden und wenn die Natur geschunden wird, sollte das Bekenntnis zu dem einen Gott, der größer ist als alles Irdische, vom Grundsatz her zum Protest gegen irdische Missstände führen. Abraham ist in jeder dieser drei Religionen zentral wichtig und hat in jeder Religion eine eigene Färbung. Abraham ist im Judentum, Christentum und Islam verankert und steht dabei auch über ihnen – wie ein Schirm für alle, wie eine überwölbende Brücke. Nicht umsonst gilt Abraham in den Heiligen Schriften der Juden, Christen und Muslime einheitlich als Freund Gottes (2. Chronik 20, 7; Jesaja 41, 8; Jakobusbrief 2, 23, Sura An-Nisa 4,125). Als Freund Gottes und – so schlussfolgern wir – als Freund von Menschlichkeit ist Abraham der ideale Namensgeber für uns geworden, nachdem wir diese Gestalt beim Abrahamsfest 1999 in Stuttgart-Filderstadt zuerst kennengelernt hatten. Abraham ist inspirierend an vielen Orten. Das Nachrichtenmagazin der SPIEGEL brachte Weihnachten 2008 die Titelgeschichte zu Abraham. Da ist zu lesen: „Überall auf der Welt entstehen Initiativen, die dem Kampf der Kulturen einen Dialog der Religionen entgegensetzen, im Namen Abrahams als gemeinsamen Vater von Juden, Christen und Muslimen. Die versöhnliche Botschaft geht von der spanischen Metropole Madrid ebenso aus wie vom Ruhrgebietsstädtchen Marl. Bereits zum achten Mal feierten die Bürger an der Lippe (in Marl) ihr großes Abrahamsfest....".

Wir machen weiter. So lange wie wir wollen. Abraham macht's möglich!

Wir praktizieren Respekt, Nachbarschaftlichkeit und Friedlichkeit im örtlichen Kontext und wirken dabei vielleicht für andere anregend. Dabei wissen wir: Ein friedliches Klima fällt nicht vom

Himmel, sondern ist Ergebnis von Arbeit und Zusammenarbeit. Und: im „hoch explosiven Gemisch von Religion und Politik" (Klaus Lefringhausen) ist friedensethisches Wirken ohne Alternative und steht unter einem guten Stern, wir hoffen: unter Gottes Segen. Das ist wichtig im aktuellen unübersichtlich und widersprüchlich sowie hochgradig spannungsreich empfundenen Zeitalter.

Übrigens:

Die neuesten Informationen über das Abrahamsfest gibt es im Internet unter **www.abrahamsfest-marl.de**.

Die Brücke-Köprü Nürnberg – Tezer Güç

Köprü ist das türkische Wort für Brücke. Das Begegnungszentrum Brücke-Köprü liegt im Herzen Nürnbergs im Stadtteil Gostenhof, der wegen seines multikulturellen Charakters im Nürnberger Volksmund auch liebevoll Gostanbul genannt wird. Die Brücke-Köprü ist eine Einrichtung der evangelischen Landeskirche. Hier kommen Christen und Muslime, Deutsche und Nicht-Deutsche, Frauen und Männer zusammen. Hier begegnen sich Menschen, führen Dialoge, Diskussionen und Gespräche über ihre Religion, ihre Kultur und ihren Alltag und kommen sich dadurch näher. Die Angebote reichen von Familien- und Frauenveranstaltungen bis zu Erwachsenenweiterbildungen, Workshops und multikulturellen und multireligiösen Veranstaltungen.

Dadurch werden Menschen in ihrer religiösen und kulturellen Identität gestärkt und sprachfähig gemacht, um für ein friedliches Miteinander in unserer Gesellschaft eintreten zu können. Die regelmäßigen Kirchen- und Moscheebesuche in der Nachbarschaft sollen die Menschen zueinanderbringen und über das Trennende hinweg Brücken bauen. Mit ihrer Arbeit möchte die Brücke-Köprü den christlichen und islamischen Glauben als Bestandteil des Lebens in der Gesellschaft etablieren. Im regelmäßigen Austausch sollen die Menschen voneinander lernen, sich gegenseitig zuhören, reden und reden lassen, Anregungen für den Alltag anbieten und gute Nachbarschaft und Freundschaft pflegen.

Seit 1993 bringt die Brücke Christen und Muslime zusammen und hat den interreligiösen Dialog selbstverständlich gemacht. Sie ist zu einem Modell für christlich-islamische Begegnungsarbeit geworden und gilt deutschlandweit als Vorzeigeprojekt. Dies zeigt die Förderung seitens des Bundesministeriums des Inneren von 2004 bis 2010. Aufgrund ihres sozialen und gesellschaftspolitischen

Engagements erhielt die Brücke-Köprü im Jahre 2005 den Interkulturellen Preis der Stadt Nürnberg.

In der hiesigen Gesellschaft leben Menschen verschiedener Abstammung zusammen, deren unterschiedliche Traditionen und religiösen Überzeugungen aufeinandertreffen. Diese kulturelle wie auch traditionelle Vielfalt prägt nicht nur das Leben in Deutschland, sondern verändert auch das Gesicht der Bundesrepublik. In einer heterogenen Gesellschaft ergeben sich neue Möglichkeiten und Perspektiven, aber es entstehen auch Missverständnisse und Konflikte.

In dieser Situation können wir es uns nicht aussuchen, ob wir miteinander leben wollen oder nicht. Wir können nur beeinflussen, wie wir miteinander leben. Der interreligiöse Dialog ermöglicht Begegnungen von Menschen verschiedenen Glaubens sowie die gegenseitige Wahrnehmung, den Glaubensaustausch und das Einander-Kennenlernen. Diese Aktivitäten bauen Vorurteile ab und mindern die Berührungsängste. Interreligiöser Dialog lehrt Respekt und Achtung vor den Andersgläubigen.

Aber die Toleranz gegenüber anders Gläubigen bedeutet nicht, dass Unterschiede und Widersprüche nicht angesprochen werden. Nicht nur die Gemeinsamkeiten der drei abrahamitischen Religionen bringen die Menschen zusammen, sondern auch die feinen Unterschiede, die es zwischen den Religionen gibt, veranlassen die Menschen sich an einen Tisch zu setzen. Der interreligiöse Dialog lebt vom respektvollen und ernsthaften Streit über die Wahrheit der jeweils eigenen Überzeugung.

Er soll nicht als eine Einheits- oder Ersatzreligion zu den drei abrahamitischen Religionen angesehen werden. Lediglich sollte er als eine Art Hilfestellung bei der Wahrnehmung von Differenzen und für den Respekt vor dem anderen Glauben wahrgenommen werden.

Des Weiteren soll er die Einsicht stärken, dass jeder Mensch das gleiche Recht hat, seine Religion in Freiheit und unter dem Schutz staatlichen Rechts zu leben.

Warum ist interreligiöser Dialog für mich wichtig? – Tezer Güç

Zum Dialog gibt es keine Alternative! Dialogarbeit ist eine wichtige Säule für ein friedvolles und respektvolles gesellschaftliches Zusammenleben. Für mich ist diese Möglichkeit, direkt und unmittelbar im interreligiösen Dialog zu arbeiten, ein Geschenk und eine Herausforderung. Nach meinem universitären Abschluss an der Friedrich-Alexander-Universität Erlangen-Nürnberg in Fachrichtung Politikwissenschaft/Öffentliches Recht begann ich Oktober 2013 bei der Brücke-Köprü in Nürnberg mein Praktikum. Seit September 2013 führe ich mein Engagement bei der Brücke als Projektmitarbeiter weiter. Aktuell arbeite ich an dem Projekt „Muslimische Seelsorge im Krankenhaus".

Der Dialog hat mich im Dezember 2012 in den Vorstand des KCID geführt. Wo ich zurzeit im Redaktionsteam für das Buch „Mut zum Dialog" mitwirke und einen eigenen Text zum Thema „Dialog" verfassen darf.

Im Mai 2013 erweiterte sich mein Arbeitsradius bis zur DITIB Nürnberg, bei der ich im Dialogteam meine Dialogerfahrung einbringen kann. In diesem Sinn fungiere ich tatsächlich als „Brücke" zwischen den christlichen und muslimischen Gemeinden und versuche eine enge Zusammenarbeit zwischen beiden Seiten herzustellen. Der Dialog hilft mir Vorurteile abzubauen und Berührungsängste zu mindern. Er bewirkt, dass ich selbstbewusst meinen eigenen Glauben auf der Ebene der Diskussion mit anderen Religionen vertrete.

Es erstaunt mich immer wieder, wie negativ der Islam in unserer Gesellschaft wahrgenommen wird. Im Islam der vorgebrachten Vorurteile erkenne ich den Islam, den ich lebe, nicht wieder. Es ist mühsam, ständig zu den gleichen Vorurteilen Stellung nehmen zu müssen. Für mich ist es wichtig, authentische Bilder des Islams zu vermitteln. Dazu hilft mir der Dialog. Ich denke über gewisse Sachen nach und hinterfrage manche eigene Einstellung im religiösen wie auch im soziokulturellen Bereich. Erwähnenswert ist, dass es auch für die christliche und die jüdische Seite eine große Bedeutung hat, durch den Dialog den Islam und die Muslime besser kennenzulernen. Um einen lebendigen und dynamischen Dialog fuhren zu können, bedarf es der Lernfähigkeit und Lernwilligkeit, sowie Respekt und Hochachtung vor der Person und dem Glauben des Anderen. Der Dialog erfordert viel Wissen über den eigenen Glauben und die eigenen Traditionen, um den Angehörigen anderer Religionsgemeinschaften erklären zu können, was man glaubt, wie man glaubt und wie man den Glauben im Alltag lebt. Dialog ist für mich eine Bereicherung in akademischer wie menschlicher Hinsicht.

Christlich-muslimische Begegnungsarbeit als kirchliche Arbeit – Hans-Martin Gloël

„Nur wer selbst fest steht, kann auch andere stehen lassen!" lautet mein Motto für die Arbeit in der Brücke-Köprü.

Die Brücke-Köprü ist ein Angebot der evangelischen Kirche und wird vom Evang.-Luth. Dekanat Nürnberg getragen und hat den Auftrag bayernweit zu arbeiten.

In der Brücke-Köprü lassen wir uns gerne auf tiefere theologische und philosophische Fragen ein, ob unter dem Aspekt der Wahrheitsfrage oder häufiger im Sinne der vergleichenden Religionswissenschaften, so lautet die Frage an der Basis eher: Was bedeuten die Existenz und der Anspruch des Islam für unsere eigene christliche Existenz?

Das Verhältnis von Christen und Muslimen und in welcher Weise Christen dabei herausgefordert sind, möchte ich an einigen Punkten am Bild der „Brücke" erläutern.

Eine Brücke verbindet getrennte Ufer. Wer auf ihr geht, bewegt sich auf die andere Seite zu.

Wer auf ihr steht, kann den Überblick gewinnen über die Gegend, aus der er kommt und neugierig hinüberblicken auf die Landschaft am anderen Ufer, zu der er gelangen kann.

Es ist aber auch einfach möglich, sich dort mit Menschen zu treffen, die die Brücke von der anderen Seite her betreten. Vielleicht wird man sich gar gegenseitig einladen.

Wenn sich nun Glaubende der sog. monotheistischen Religionen auf der Brücke begegnen, werden sie oft betonen, dass es der eine Gott sei, der die Sonne über der Brücke auf beide Ufer strahlen und dann auch die Nacht heraufziehen lässt, dass er es ist, der über Gedeihen und Verderben der Landschaften dies- und jenseits der Brücke bestimmt.

Oft genug sind es Abgründe und gefährliche Schluchten, die beide Ufer trennen. Brücken gibt es über weite Strecken nicht und wenn, dann oft nur brüchig. Selbst gut gebaute Brücken wollen ständig überprüft und immer wieder renoviert werden.

Wo diese Brücken nun also existieren, mag man sie nutzen, einander zu besuchen oder einander auch nur freundlich und interessiert auf quasi neutralem Boden „auf der Brücke" zu treffen. Je nach Gestalt des zu überbrückenden Abgrundes, reißenden Flusses oder ähnlichem, werden nur Schwindelfreie es wagen, sie zu betreten — von der Qualität der Brücke ganz zu schweigen. Fast überflüssig zu erwähnen, dass nur bei festem Grund auf beiden Seiten des Ufers der Bau einer Brücke überhaupt Sinn macht.

Ein Erodieren des Fundaments auf auch nur einer Seite wird das Bauwerk unweigerlich einstürzen lassen.

Das Bild der Brücke repräsentiert nun also das Verhältnis von Christen und Muslimen sowie wichtige Aspekte der Arbeit des Begegnungszentrums Brücke-Köprü.

Das Christentum und der Islam stellen die Pfeiler der Brücke dar – jeweils an ihrem eigenen Ufer. Die Glaubenden beider Religionen vertrauen auf den Gott, der Abraham aus seiner gewohnten Umgebung herausgerufen, ihn vor viele Herausforderungen gestellt und mit Verheißungen in ein neues Land geführt hat. Verheißungen, die den Nachkommen seiner beiden Söhne gelten, auf die sich Juden und Christen (Isaak) bzw. Muslime (Ismael) beziehen.

In diesem Brückenbild stehen Christen und Muslime je an einem Ufer in der religiösen Identität ihrer Gemeinschaft, die die Pfeiler dieser Brücke bildet. Hierbei fragen beide aus ihrer je eigenen Perspektive nach Gott.

In diesem Brückenbild steht die „Brücke" als konkreter Begegnungsraum und umfasst als Ort der Begegnung den theologischen Austausch, das kulturelle, soziale Kennenlernen, das Miteinander-Feiern und die Förderung des Respekts vor den jeweils Andersgläubigen.

Auch wenn in diesem konkreten Begegnungsrahmen spirituelles Leben stattfindet – etwa multireligiöses Gebet – so versteht sich die Brücke-Köprü doch nicht als eine eigene „Gemeinde". Eine Brücke ist kein Selbstzweck. Es geht darum, Bewegung zwischen beiden Seiten zu ermöglichen. Ziel ist es, die in diesem geschützten Raum erworbenen Kompetenzen in der interreligiösen und interkulturellen Begegnung an die jeweils eigene Basis zurückfließen zu lassen, also in Kirchengemeinden, Moscheevereine, Familien ..., um diese für den Austausch und den gegenseitigen Respekt zu stärken. Dies schafft zunehmend eine Infrastruktur des respektvollen Austausches zwischen verschiedenen Gruppen von Christen und Muslimen auf verschiedenen Ebenen.

Ich beobachte weithin eine große Sprachunfähigkeit oder explizite Sprachunwilligkeit in Bezug auf den eigenen Glauben – auch in kirchlich engagierten Kreisen. Viele Muslime aber zeigen Unverständnis gegenüber Menschen, die keinen Glauben haben bzw. nicht bereit sind, über ihren Glauben Auskunft zu geben.

Ein wichtiger Ansatz für Begegnung und Dialog muss es demnach sein, über den eigenen Glauben sprachfähig und sprachwillig zu machen. In der Brücke-Köprü geschieht das etwa bei Seminaren und Gesprächskreisen für verschiedene Zielgruppen, die dazu dienen sollen, schließlich mit Muslimen gemeinsam einen „Raum" für das gegenseitige Glaubenszeugnis zu öffnen und dort eine Position einnehmen und vertreten zu können.

Ein gestärktes Selbstverständnis der jeweils eigenen Glaubensgemeinschaft wird entscheidend dazu beitragen, die jeweils andere Glaubensgemeinschaft in ihrem Selbstverständnis ernst nehmen zu können.

Theologisch ist es möglich, dass Christen und Muslime einander als Glaubende verstehen und anerkennen. Wir müssen uns gegenseitig nicht als „Ungläubige" bezeichnen. Als verschieden Glaubende können wir durch das jeweils eigene Bezeugen des einen Gottes positive Akzente in einer sich als säkular verstehenden Gesellschaft setzen.

Zur Geschichte des Christlich-Islamischen Vereins Hochrhein – Werner Ross, Rheinfelden

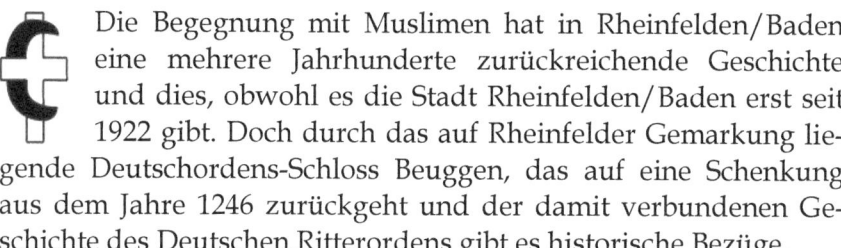 Die Begegnung mit Muslimen hat in Rheinfelden/Baden eine mehrere Jahrhunderte zurückreichende Geschichte und dies, obwohl es die Stadt Rheinfelden/Baden erst seit 1922 gibt. Doch durch das auf Rheinfelder Gemarkung liegende Deutschordens-Schloss Beuggen, das auf eine Schenkung aus dem Jahre 1246 zurückgeht und der damit verbundenen Geschichte des Deutschen Ritterordens gibt es historische Bezüge.

Im Jahre 1190, drei Jahre nach Beginn des dritten Kreuzzuges, war der Deutsche Orden als Hospital-Orden gegründet worden, der den Kreuzzüglern und Pilgern auf dem Weg ins „Heilige Land" beistehen sollte. Doch schon bald entwickelte sich hieraus ein Ritterorden, der sich zunehmend der „Heidenmission" insbesondere im späteren Ostpreußen verpflichtet fühlte.

Heute ist die Evangelische Tagungs- und Begegnungsstätte Schloss Beuggen durch einen Freundeskreis Mitglied des Christlich-Islamischen Vereins Hochrhein e. V. und beherbergt eine umfangreiche Bibliothek zum Thema Islam.

1895 begann man in Rheinfelden mit dem Bau des ersten großen europäischen Wasserkraftwerkes, das die Ansiedlung zahlreicher großer Industriebetriebe zur Folge hatte. Zunächst fanden beim Bau des Kraftwerkes u. a. viele italienische Bauarbeiter einen Arbeitsplatz. Von 1940 bis 45 waren dann über 4000 Fremdarbeiter und Kriegsgefangene, in einer Barackensiedlung wohnend, in der chemischen Industrie tätig und in den sechziger Jahren kamen zahlreiche türkische Arbeiter und deren Familien nach Rheinfelden.

Sie richteten sich in der Barackensiedlung, die nun Asylsuchenden als Gemeinschaftsunterkunft dient, einen Gebetsraum ein. Doch war der bald zu klein und so reiften Pläne für den Bau einer

Moschee. Sie wurde in vielfacher Eigenarbeit in den Jahren 1993 bis 96 am Rande eines Mischgebietes errichtet.

Als im Februar 1997 die Moschee ein Minarett erhalten sollte, regte sich jedoch Widerstand. Bürger der Stadt Rheinfelden und aus der Umgebung äußerten massiv ihren Protest und so wurde der Bauantrag der Türkisch-Islamischen Gemeinde (zum Dachverband der DITIB zugehörig) mehrheitlich in einer gut besuchten öffentlichen Sitzung des Bauausschusses abgelehnt.

Daraufhin bemühten sich Vertreter der beiden christlichen Kirchen, der Kommunalpolitik und der Muslime in verschiedenen Veranstaltungen um ein Gespräch zwischen den streitenden Bevölkerungsgruppen.

Zunächst fand im März ein Podiumsgespräch mit Publikumsbeteiligung in der vollbesetzten evangelischen Christuskirche statt. Auf dem Podium saßen Christen und Muslime, die sich ausschließlich positiv für ein Zusammenleben von Bürgern beider Religionen aussprachen. Im April schloss sich im Pfarrzentrum St. Josef ein Vortrag mit Aussprache an. Die Islam- und Minarettgegner hatten sich dieses Mal formiert und setzten dem Referenten, einem evangelischen Pfarrer und Lehrbeauftragten für Islamfragen, schwer zu. Doch wusste der sich gekonnt zu wehren. Im Mai traf man sich dann in der Moschee zur Besichtigung und zum Gespräch. Dort wurde der Wunsch nach weiteren Zusammenkünften laut. Ängste, Vorurteile und Unwissenheit galt es weiterhin abzubauen.

Aber, wie so oft, blieb es bei den guten Vorsätzen. Im Herbst bemühte sich Herr Ross zunächst vergeblich um ein Gespräch. Am 26. November 1997 (27. Radschab) war es so weit: Es kam zu einem ersten informellen Treffen von Vertretern der Kirchen, der Muslime, der Türkisch-Islamischen Gemeinde und der Kommunalpolitik sowie der Schulen. In der folgenden Zeit wurden gemeinsame Themen angesprochen, erste Veranstaltungen organisiert, aber auch Überlegungen für die Gründung eines christlich-islamischen Vereins unternommen. Dabei waren die Treffen der Islamisch-

Christlichen Konferenz für Süddeutschland (ICK) in Hohenwart bei Pforzheim eine große Hilfe.

Nach neun vorbereitenden Sitzungen fand am 16. April 1999 (Vorabend des 1. Muharram 1420) die Gründungsversammlung des Christlich-Islamischen Vereins Hochrhein e. V. statt. Sie begann mit dem Nachtgebet der Muslime und einer Andacht der Christen im Gemeindehaus der evangelischen Paulusgemeinde. Von den 40 Anwesenden haben 25 Personen den Verein gegründet. Seine Besonderheit besteht darin, dass er auf drei Säulen ruht. Nachdem die kommunalpolitische Seite an allen Vorbereitungen beteiligt war, setzt sich der Vorstand satzungsgemäß aus zwei Vertretern des kommunalen Bereiches, zwei christlichen Vertretern und drei muslimischen Vertretern (türkischer und nichttürkischer Herkunft) zusammen.

Nun konnte die Arbeit gestärkt beginnen. Wir organisierten und begleiteten Führungen von Schulklassen, Konfirmandengruppen und anderen Besuchergruppen in der Moschee, hielten Vorträge, teilweise in Zusammenarbeit mit der VHS, gingen in die Schulen, waren auf dem Landesmissionsfest der Evangelischen Landeskirche in Baden in Schopfheim vertreten und nahmen an dem jährlichen multikulturellen Fest in Rheinfelden teil, wir erarbeiteten INFO-Blätter zu ganz verschiedenen Themen, organisierten Fortbildungen für Kindergärtnerinnen und Religionslehrer/innen beider Konfessionen sowie eine Kirchenführung mit anschließendem Gespräch für Imame unserer Region usw.

Mit der Zeit erweiterten sich die Aufgaben über Rheinfelden hinaus. So wurden wir zu ganz unterschiedlichen Veranstaltungen in der Region Lörrach, im Wiesental, am Hochrhein und in Basel als Referenten und zur Mitarbeit eingeladen, sei es im Rahmen der Erwachsenenbildung, der Zurüstung für Kirchenälteste und Pfarrgemeinderäte oder bei Tagungen.

Zu einer ersten großen Bewährungsprobe unserer Arbeit kam es im Jahre 2001. Die Türkisch-Islamische Gemeinde bereitete einen

Neuantrag für den Bau eines Minaretts bei der Moschee vor. Nach Absprache mit dem Oberbürgermeister führten wir vom CIVH mit allen Stadtratsfraktionen einzelne Gespräche, bezüglich der Bedeutung eines Minaretts, des Ausrufs zum Gebet und der Erforderlichkeit eines islamischen Gräberfeldes. Diese detaillierte und umfangreiche Arbeit, die auch Gespräche mit der Türkisch-Islamischen Gemeinde umfasste, führte zu einem guten Ende. Dabei traten wir als Vermittler nach beiden Seiten auf.

Am 18. Juli 2001 beschloss der Gemeinderat einschließlich Oberbürgermeister mit 22 Stimmen bei 11 Gegenstimmen und zwei Enthaltungen die Genehmigung für den Bau eines Minaretts, von dem aus freitags zum Mittagsgebet und an den beiden islamischen Festtagen mit menschlicher Stimme ausgerufen wird. Gleichzeitig wurde ein islamisches Gräberfeld (das erste im Landkreis Lörrach) auf dem Hauptfriedhof genehmigt.

Widerstand regte sich noch einmal, als der Bauausschuss über die Höhe des Minaretts beschließen musste und um die Höhen gefeilscht wurde. Schließlich einigte man sich auf 20,80 m. Im Jahr 2003 wurde in Eigenarbeit mit dem Bau des Minaretts begonnen, nachdem es auf Seiten der Türkisch-Islamischen Gemeinde noch zu Problemen gekommen war.

Am 30. Oktober 2003 tagte der Gemeinderat in öffentlicher Sitzung. Auf der Tagesordnung stand unter TOP 9 „Mitgliedschaft der Stadt im Christlich-Islamischen Verein Hochrhein e. V.". Es kam zu einer kontroversen und ausführlichen Diskussion. In ihr wurde von den Befürwortern u. a. deutlich gemacht, dass die Stadt Rheinfelden bei der Gründung des Vereins und der Abfassung der Satzung maßgeblich beteiligt war und satzungsgemäß im Vorstand vertreten ist. Aus verschiedenen Gründen war die Mitgliedschaft nicht schon vorher erfolgt. Jetzt sprach sich die überwiegende Mehrheit des Gemeinderates für einen Beitritt aus (8 Gegenstimmen und eine Enthaltung). Der Beitritt wurde zum 1. Januar 2004 vollzogen.

Als sich im Januar 2003 Vertreter von christlich-islamischen Organisationen aus der ganzen Bundesrepublik in der Evangelischen Akademie in Bad Boll trafen, um den Koordinierungsrat der Vereinigungen des christlich-islamischen Dialoges in Deutschland (KCID) ins Leben zu rufen, waren wir mit drei Vertretern anwesend und gehören so zu den Gründungsmitgliedern.

Obwohl wir auf eine mehrjährige und intensive Arbeit im christlich-islamischen Dialog zurückblicken können, sind wir immer noch am Anfang und am Lernen, gilt es immer wieder Hürden bei sich selber und bei anderen zu überwinden.

Es ist nicht einfach, wenn Menschen verschiedener Religion, Kultur und mit unterschiedlichem Naturell zusammenkommen. Das zeigt sich nicht nur bei den multireligiösen Gebeten, die wir zweimal jährlich abwechselnd in einer Kirche bzw. in der Moschee halten. Muslime und Christen haben eine andere Gebetskultur und praktizieren auf ganz verschiedene Weise die Vorbereitung. Nun muss man aber zusammenarbeiten und sich miteinander einigen. Da sind Missverständnisse vorprogrammiert und es verlangt einen langen Atem und guten Willen von allen Seiten.

Dazu kommen manche Abhängigkeiten. Unsere Imame sind wie alle Imame der DITIB türkische Staatsbeamte. Das hat zur Folge, dass sie sich vor manchen Entscheidungen erst bei der Kölner Zentrale rückversichern. So konnte es durchaus passieren, dass ein Imam vom Besuch einer Lesung eines türkischstämmigen Schriftstellers abriet. Umso offener war sein Nachfolger.

Wir kommen „nur" mit kleinen Schritten voran. Aber sie sind möglich, wenn man Phantasie entfaltet. Ein erfreuliches Beispiel war das ökumenische „Jahr der Bibel". Pfarrgemeinderäte und Kirchenälteste der Dinkelberggemeinden beschlossen aus diesem Anlass, gemeinsam in der Bibel zu lesen. Da die Pfarrer gemeinsam im Vorstand des Christlich-Islamischen Vereins Hochrhein saßen, regten sie an, dazu auch Muslime einzuladen und die biblischen Texte durch ähnlich lautende Texte aus dem Koran zu ergänzen.

Es war nicht sicher, ob das Experiment gelingen würde. Schließlich sind es Muslime oftmals nicht gewohnt, sich inhaltlich mit dem Koran zu befassen. Im Monat Ramadan gibt es zwar ausführliche Koran-Lesungen in der Moschee, doch entspricht dies nicht christlichen „Bibelarbeiten". Dazu kamen die Sprachschwierigkeiten. Umso mehr waren wir erfreut, dass einmal im Monat zwischen 10 und 25 Christen und Muslime zusammen kamen und nicht nur die eigene heilige Schrift lasen und kennen lernen, sondern auch die des andersgläubigen Mitbürgers. Dabei machten wir erstaunliche Erfahrungen und kamen uns in Glaubensfragen und im persönlichen Leben näher. Auf Grund dieser Erfahrungen führten wir die Bibel-Koran-Gespräche 2004 und 2005 weiter.

Die Auseinandersetzung um ein islamisches Gräberfeld auf dem Hauptfriedhof in Rheinfelden und um weitere Gräberfelder in der Region führte dazu, dass wir darüber eine ausführliche Dokumentation anfertigten. Für unsere Bemühungen wurden wir im Jahre 2005 vom „Bündnis für Demokratie und Toleranz – Gegen Extremismus und Gewalt" in Berlin mit einer „Urkunde für Engagement und Zivilcourage" und einem Preisgeld ausgezeichnet.

Im Jahr 2006 waren wir Gastgeber der jährlichen Mitgliederversammlung der Delegierten des Koordinierungsrates der Vereinigungen des christlich-islamischen Dialoges in Deutschland (KCID). Ein umfangreiches Begleitprogramm mit einem Interreligiösen Spaziergang, einem Konzert der Religionen und einer multireligiösen gottesdienstlichen Feier umrahmte das mehrtägige bundesweite Delegiertentreffen.

Der CIVH versteht sich nicht nur als örtliche Dialogplattform, sondern will in die Region hineinwirken. Das wird u. a. durch die Mitgliederbriefe, die auch an interessierte Personen und die christlichen Pfarrämter der benachbarten Dekanate verschickt werden sowie durch zahlreiche Informationsveranstaltungen und Moscheeführungen deutlich. So fanden im Jahr 2007 z. B. 34 Moscheeführungen mit über 700 Besuchern (180 Erwachsenen und 550

Schülern) statt. Gleichzeitig war der CIVH mit Informationsständen auf dem 31. Evangelischen Kirchentag in Köln (in Zusammenarbeit mit dem KCID), dem Gemeinde-Entwicklungskongress in Karlsruhe (in Zusammenarbeit mit der CIG KA) und dem 2. Tag der christlichen Kirchen am Rheinknie in Mulhouse/Elsass vertreten.

Die Mitgliederversammlung des CIVH verabschiedete nach mehrmonatiger Vorarbeit im Jahr 2007 eine Erklärung zum christlich-islamischen Dialog.

Im Mai 2009, zum 10-jährigen Bestehen des CIVH, zählte der Verein 64 Mitglieder, davon waren 24 islamischen, 22 evangelischen, 9 römisch-katholischen, 1 altkatholischen, 1 orthodoxen Glaubens und 7 ohne Religionsangabe, davon hatten 50 ihren Wohnsitz in Rheinfelden.

Zu einer besonderen Herausforderung kam es im Oktober des Jahres 2009. Ein neu gewählter Vorstand der Türkisch-Islamischen Gemeinde hatte bereits zahlreiche neue Initiativen erfolgreich gestartet. Da kamen der Vorsitzende und der Imam auf die Idee, man könne doch freitags zum Mittagsgebet mit einem Lautsprecher ausrufen. Also installierten sie ohne Rücksprache mit den anderen Vorstandsmitgliedern provisorisch drei 30-Watt-Lautsprecher, in der Überzeugung, dass dies zulässig sei, wenn eine bestimmte Dezibelzahl nicht überschritten sei. Dies war insbesondere als Entlastung für den Muezzin gedacht, der nun nicht mehr auf das Minarett steigen musste. So ertönte am Freitag der Gebetsruf über Lautsprecher und nicht mit menschlicher Stimme.

Dieser Vorgang wurde von einem Kunden eines benachbarten Getränkemarktes bemerkt, der sich beim Oberbürgermeister erkundigte, ob dies zulässig sei und gleichzeitig die örtliche Presse informierte. Der zuständige Bürgermeister reagierte sofort und machte deutlich, dass der Ausruf zum Gebet mit Lautsprechern vertragswidrig sei und diese wieder abmontiert werden müssten. Auch wir vom CIVH verwiesen auf den Vertragstext zwischen der

Türkisch-Islamischen Gemeinde und der Stadt Rheinfelden und luden zu einem klärenden Gespräch den Vorstand der Türkisch-Islamischen Gemeinde ein. In einer in diesen Tagen gerade tagenden Gemeinderatssitzung informierte der Oberbürgermeister die Gemeinderäte zu Sitzungsbeginn und erläuterte die Rechtslage. Zu einer Aussprache kam es nicht.

Der Vorstand der Türkisch-Islamische Gemeinde entschuldigte sich persönlich beim Oberbürgermeister und öffentlich bei der Rheinfelder Bevölkerung für ihr Fehlverhalten und montierte innerhalb einer Woche die Lautsprecher ab.

Somit hätte der Vorgang kein weiteres Aufsehen verdient. Doch die sehr ausführliche Berichterstattung in der Presse führte dazu, dass der Vorgang zu einem überregionalen ja Ländergrenzen übergreifendem Politikum wurde. – Es gibt ein deutsches Rheinfelden und jenseits des Rheins ein Schweizer Rheinfelden. – In der Schweiz lief gerade die Volksinitiative gegen den Bau von Minaretten an. So erklärten die Minarettgegner mit Verweis auf das badische Rheinfelden, dass die Muslime von den Minaretten – gegebenenfalls auch widerrechtlich – mit Lautsprechern ausrufen würden, wenn man ihnen nicht widersteht. Wie die Abstimmung ausgegangen ist, ist bekannt. So hat das unbedachte Handeln von zwei Muslimen in badisch Rheinfelden ungewollt die Schweizer Minarettgegner unterstützt und den dortigen Muslimen einen Bärendienst geleistet. Und auch Herr Ralph Giordano glaubte sich auf ihre Kosten zu profilieren, indem er in einem Interview mit dem Deutschlandfunk behauptete, die Muslime halten sich nicht an Zusagen, wenn Minarette errichtet werden: „Das ist in Rheinfelden, Rendsburg, Esslingen, in anderen Orten, wo das heute geschieht, auch der Fall."

Im Jahr 2010 kam es wiederholt zu Anschlägen mit großen Sachbeschädigungen auf die Alperenler-Moschee in Rheinfelden. Der erste Anschlag erfolgte am frühen Morgen des 2. Mai 2010. Der

Vorstand des CIVH hat dazu am gleichen Tag folgende Erklärung abgegeben:

Stellungnahme des CIVH zum Anschlag auf die Moschee in Rheinfelden

In der Nacht vom 2. Mai 2010 wurde ein Anschlag auf die Alperenler Moschee in Rheinfelden/Baden verübt. Es wurden drei Fensterscheiben eingeworfen und an die Wände Hakenkreuze und das Wort Sieg gesprüht.

Wir vom Vorstand des Christlich-Islamischen Vereins Hochrhein e. V. bedauern diesen Anschlag und verurteilen ihn.

Bei dem Anschlag handelt es sich um mehr als nur um eine ärgerliche und kostenintensive Sachbeschädigung. Hier wurden die religiösen Gefühle von Mitbürgern verletzt. Damit ist der Anschlag auch ein Angriff auf das friedliche Zusammenleben der Bürgergemeinschaft.

Wieweit Rechtsradikale die Täter waren, ist unklar. Das Anbringen von Hakenkreuzen mag es nahelegen, aber vielleicht wollten die Täter auch so mehr Aufmerksamkeit erlangen. Verräterischer ist das Wort „Sieg". Was für einen absurden Sieg haben die Täter errungen, wenn sie anonym und heimlich in der Dunkelheit der Nacht vorgehen mussten. Dass sie künftig keine weiteren Siege erringen können, ist unser aller Aufgabe.

Kaum waren die gröbsten Schäden beseitigt, da erfolgte am Morgen des 22. Mai ein weiterer Anschlag. Wieder gingen Fensterscheiben zu Bruch. Und wieder rätselte man über die Täter und ihre Absichten. Alle polizeilichen Untersuchungen blieben zunächst erfolglos.

Der Vorstand des CIVH rief auf Anregung eines Rheinfelder Bürgers zu einer Spendenaktion zur Mitfinanzierung der Schäden bei der Moschee auf. Einzelspenden, auch aus den Nachbarorten, und des CIVH sowie Kollekten der Kirchen und eines multireligiösen Gebets erbrachten 1.344 €.

Wieder wurden Reparaturen vorgenommen. Jedoch am 4. November gingen erneut Scheiben zu Bruch. Kameraaufnahmen machten deutlich, dass es sich um eine gezielte Attacke handelte. Die drei Täter begingen die Tat gegen 3.30 Uhr. Die Ermittlungen des Landeskriminalamtes blieben zunächst erfolglos. Erst Anfang des Jahres 2015 wurde ein Rechtsradikaler als Täter zu einer Geldstrafe und gemeinnütziger Arbeit verurteilt.

Am 29. Dezember 2010 wurde der Vorsitzende des CIVH von der Bürgerstiftung Rheinfelden ausgezeichnet. In der Ehrenurkunde heißt es: „Für seine Verdienste als Mittler zwischen der christlichen und islamischen Bevölkerung unserer Stadt verleihen wir den Ehrenpreis 2010 an Herrn Pfarrer Werner Ross mit besonderem Dank für sein Engagement."

In der Satzung des CIVH ist in § 4 „Zweck des Vereins" als vierter Punkt „Ausbildung, Fort- und Weiterbildung" genannt. Um diesem selbst gesteckten Ziel gerecht zu werden, kam es zur Schaffung einer Spezialbibliothek zum Thema Islam einschließlich Christentum und Judaismus sowie interreligiöser Dialog. Diese ist im Laufe der Jahre angewachsen und hatte ihren Standort in Schloss Beuggen. Dort wurde sie aber nicht ausgiebig genutzt. Deshalb kam es im Sommer 2011 nach einer Rücksprache zwischen Herrn Ross und Frau Madiou, der Leiterin der Bibliothek der Dualen Hochschule Lörrach, zu folgender Vereinbarung. Der Vorstand des CIVH überreicht der Dualen Hochschule die über 1000 Bücher und andere Medien umfassende Bibliothek als Geschenk. Sie wird künftig als „Interkulturelle Sammlung" (IKS) Teil der Bibliothek der DHBW Lörrach sein und allen Interessenten kostenlos zur Verfügung stehen.

Im Herbst 2012 hatte es turnusmäßig einen weiteren Imam-Wechsel gegeben. Unter dem neuen Imam wurden die bisherigen halbjährlichen multireligiösen Gebete nicht mehr fortgeführt. Auch kam es zu einer Abkühlung der Zusammenarbeit zwischen der Türkisch-islamischen Gemeinde und dem CIVH. Trotz wiederholter Bitten seitens des CIVH wurde kein neuer Vertreter der TIG für den CIVH-Vorstand benannt.

Bei den Vorstandswahlen 2013 legte der Initiator des CIVH, Werner Ross, sein Amt als Vorsitzender nieder. Die Nachfolge trat das bisherige Vorstandsmitglied Dagmar Henninger an und führt die Arbeit weiter.

Ergänzung der neuen Vorsitzenden Dagmar Henninger

Der neue Vorstand setzte sich zum Ziel, den Dialog in der Region aufrecht zu halten. Um dieses mit den ihm zur Verfügung stehenden Möglichkeiten zu erreichen (fast alle Vorstandsmitglieder sind beruflich stark beansprucht), wurden die gewohnten Aktivitäten zu einem großen Teil reduziert.

Die Beteiligung im KCID mit weiten Anreisen zu Tagungen im Bundesgebiet zeigte sich als nicht leistbar, die Mitgliedschaft des CIVH ist deshalb sowie aus Kostengründen gekündigt worden.

Regelmäßig erscheinende Mitgliederbriefe gibt es nun nicht mehr, einzig das jedes Jahr aktualisierte Info-Blatt „Meine Feste – deine Feste".

Die großen (hauptsächlich politisch motivierten) Themen, die den Christen und Muslimen täglich begegnen, können nicht in der uns zur Verfügung stehenden Zeit diskutiert und bewertet werden, daher verlegen wir uns auf das Naheliegende: Wir suchen den Kontakt im Umfeld.

Wir versuchen, die Gesprächsbereitschaft Angehöriger unterschiedlicher Religionsgemeinschaften untereinander anzuregen, Verständnis füreinander zu wecken.

Wir vermitteln Kontakte zwischen Kranken und Seelsorgern und beraten Angehörige von Verstorbenen bei Bestattungen nach islamischem Ritus.

In Krisenzeiten, wie nach den Anschlägen in Paris im Januar 2015, gehen wir in die Öffentlichkeit, um Kritik am Missbrauch von Religion zu äußern.

Anlässlich der Internationalen Woche gegen Rassismus im März 2015 konnte zum ersten Mal seit drei Jahren wieder ein multireligiöses Gebet durchgeführt werden.

Dass dies möglich war, sehen wir als Lichtblick für unsere weitere Arbeit am Dialog.

Der interreligiöse Arbeitskreis Schwalbach – Klaus Stukenborg, Deutsch-Ausländische Gemeinschaft Schwalbach

Einladung zum Interreligiösen Arbeitskreis in Schwalbach im Herbst 1994

Christen, Juden, Buddhisten, Hindus, Muslime und Baha'i, die in Schwalbach wohnen, trafen sich erstmals in der Evangelischen Limesgemeinde mit Herrn Pfarrer Zincke. „Einander wahrnehmen" war das vorläufige Arbeitsmotto, das den Dialog zwischen den Religionen vorbereiten sollte.

Öffentliche Veranstaltungsreihe „Miteinander im Gespräch"

Im monatlichen Turnus stellten sich im ersten Halbjahr 1995 die großen Weltreligionen einem interessierten Publikum vor. Neben den religiösen Inhalten kamen auch Rituale und typisches Brauchtum zum Ausdruck. Im Anschluss konnten die Besucher jeweils Fragen und Vorstellungen mit den Vortragenden diskutieren.

Für eine Gruppe buddhistischer Mönche bot die Aula des Albert-Einstein-Gymnasiums Gelegenheit, ihre Tänze, Gesänge und Zeremonien spielerisch auf die Bühne zu bringen. Eine Wiederholung dieser Reihe gab es im Jahre 2001.

Besuche der einzelnen Andachtsstätten

Menschen aus allen Religionsgemeinschaften nahmen die Einladung einzelner Gemeinden gerne an. Sie besuchten die Zentrum-Moschee, die Westend Synagoge, einen Hindu-Tempel und das Buddhistische Zentrum in Frankfurt, den Frankfurter Dom und das Europäische Haus der Andacht der Baha'i in Hofheim.

Die Besucher wurden nicht nur mit den Gebäuden vertraut gemacht, sondern bekamen auch einen Einblick in die Gemeindele-
ben, nahmen teilweise an deren Feiern teil oder wurden auch zum
Essen eingeladen. Hier blieb viel Raum für Fragen und Antworten.
Eine Wiederholung gab es in den Jahren 2002 und 2003.

Interreligiöse Stunde - Interkulturelle Woche

Ab 1995 gestaltete der Arbeitskreis im Bürgerhaus Schwalbach
öffentliche Feierstunden innerhalb der Interkulturellen Wochen mit
Lesungen aus den verschiedenen Heiligen Schriften, mit Gebeten
und Gesängen, umrahmt von Symbolen zu verschiedenen Themen:
Seit 2013 „Bitten wir um Frieden".

Durch gemeinsames Entzünden von Kerzen werden die Anwesenden mit einbezogen und haben danach noch Gelegenheit zum
Gespräch bei Tee und Gebäck.

Themenbezogene Abende

Regelmäßige Organisationstreffen wechselten sich ab mit
Schwerpunktthemen, über die die verschiedenen Religionsgemeinschaften referierten und anschließend zur Diskussion einluden:
Verhaltensregeln in den jeweiligen Religionen, Zentralgestalten des
Glaubens, Fasten, Kindererziehung, Leben nach dem Tod, die verschiedenen Religionsgemeinschaften und der Mensch aus der Re-
torte.

Seit dem Jahr 2008 finden pro Jahr vier themenbezogene Abende
statt, die jeweils in der Presse bekanntgegeben werden und im
Bürgerhaus stattfinden.

Das Verständnis für andere Religionen zu wecken und zu ver-
tiefen ist das Ziel der gemeinsamen Aktionen und Gespräche. Damit wollen wir einen Beitrag zum Frieden in unserer Stadt und
darüber hinaus leisten. So schwierig, teilweise auch befremdend, es

sein kann, sich in andere Glaubensformen und kulturelle Verschiedenheiten einzufühlen, so bereichernd ist es für das Verstehen des eigenen Glaubens.

Alle Menschen, denen der Dialog zwischen den Religionen auch am Herzen liegt, sind herzlich eingeladen, unsere Veranstaltungen zu besuchen und am Arbeitskreis in Schwalbach teilzunehmen.

Die Treffen des Arbeitskreises finden unregelmäßig statt. Die genauen Termine erfahren Sie bei der Organisation.

Veranstalter:

Der Interreligiöse Arbeitskreis Schwalbach

Organisation:

Deutsch-Ausländische Gemeinschaft Schwalbach e. V. (DAGS) Klaus Stukenborg, Tel.: 06196-844681 Fax: 06196-84434, e-mail: klaus.stukenborg@gmx.de

Dialog an die Basis! – Frieder Kobler, Gesellschaft für christlich-islamische Begegnung und Zusammenarbeit (CIBZ) Stuttgart

 In Stuttgart leben 40 000 bis 50 000 Muslime, was einen Anteil von 7 bis 8 % der Gesamtbevölkerung ausmacht. Es gibt etwa 30 Moscheevereine fast aller islamischen Dachverbände.

Schon in den 80er Jahren gab es Dialoggruppen, die sich gelegentlich trafen. Seit Anfang der 90er Jahre fand unter der Schirmherrschaft der Arbeitsgemeinschaft christlicher Kirchen (ACK) unter dem Motto „Christen und Muslime im Gespräch" ein regelmäßiger Dialog statt, an dem Kirchenvertreter und Vertreter der Moscheegemeinden teilnahmen.

Die CIBZ, die Gesellschaft für christlich-islamische Begegnung und Zusammenarbeit Stuttgart e. V., entstand aus diesen Begegnungen in der Stuttgarter ACK-Dialoggruppe.

Im ACK-Dialog machten wir eine doppelte Erfahrung:

Zum einen merkten wir, wie gut es tut, miteinander zu reden. Als z. B. über das Kopftuchverbot im öffentlichen Dienst in Baden-Württemberg diskutiert wurde und all die selbsternannten Kämpfer für die Menschenrechte die muslimischen Frauen vom Schleier als dem Symbol der Unterdrückung befreien wollten, dachte niemand daran, wie das auf die Betroffenen wirkt; wie sie es empfinden, wenn das, was zu ihrer Identität gehört, in der Öffentlichkeit dermaßen schlecht gemacht wird. Wir Christen im Dialog aber hörten es unmittelbar von den Betroffenen selbst und ihren Angehörigen und Gemeindemitgliedern. Und erlebten, wie selbstbewusst viele Frauen waren, die sich, fern von einer Unterordnung unter irgendeinen Mann, für diese muslimische Tracht entschieden.

Zum anderen fühlten wir: Dieses Gespräch von einigen wenigen Funktionären und Vertretern von Institutionen ist wichtig und weiterführend, aber es ist nicht ausreichend. Es muss mehr geschehen. Der Dialog muss an die Basis.

Im Jahr 1998 beschlossen die Teilnehmer dieser Dialoggruppe daher, sich mit einem Stand auf dem Markt der Möglichkeiten beim Kirchentag 1999 in Stuttgart zu beteiligen.

Eine große Ehre für uns war, dass Bundespräsident Johannes Rau an unserem Dialogstand kam und von Riad Ghalaini begrüßt wurde.

Während dieser sehr konstruktiven Zusammenarbeit reifte der Entschluss, eine Gesellschaft zu gründen, die den christlich-islamischen Dialog breiteren Kreisen zugänglich macht. Am 20. April 1999 wurde diese Gesellschaft zunächst als „Christlich-Islamische Gesellschaft Stuttgart e. V." konstituiert. Aufgrund eines Einspruchs des Amtsgerichts wegen zu großer Ähnlichkeit mit dem schon eingetragenen Verein CIG Region Stuttgart wurde der Name in „Gesellschaft für christlich islamische Begegnung und Zusammenarbeit Stuttgart e. V. (CIBZ)" geändert.

Unter diesem anspruchsvollen Namen arbeiten wir nun seit über 15 Jahren zusammen. In dieser Zeit hatten wir stets zwischen 30 und 40 feste Mitglieder und über 200 Interessenten, die wir regelmäßig über unseren Rundbrief informieren.

Ziele

Unser Name ist unser Programm! Wir wollen die Begegnung, die Verständigung und den Dialog zwischen Christen und Muslimen fördern und setzen uns für ein friedvolles Miteinander auf privater, kommunaler und gesellschaftspolitischer Ebene ein.

Wir wissen, dass dies nur in einer Atmosphäre gegenseitiger Achtung und des informierten Respekts gelingen kann. Wir hoffen, als Menschen des Glaubens einen aktiven Beitrag zum sozialen und religiösen Frieden in unserer Stadt leisten zu können, und freuen uns, wenn auch Menschen jüdischen Glaubens oder einer nichtreligiösen Weltanschauung an diesem Dialog teilnehmen.

Neben den vielfältigen Begegnungsmöglichkeiten, die unser Programm anbietet, sind uns die thematischen Abende unseres christlich-islamischen Cafés besonders wichtig.

Außer der gegenseitigen Information über Glaubensinhalte, dem Gespräch über Gestalten aus Bibel und Koran kommen dabei historische Themen und aktuelle ethische Fragen nicht zu kurz. In den fast 15 Jahren unserer Zusammenarbeit sind bei den Teilnehmern viel gegenseitiges Verständnis und viel Vertrauen gewachsen.

Fazit:

Über 15 Jahre Dialog liegen hinter uns, Jahre, in denen regelmäßige Treffen und Begegnungen stattgefunden haben: im Vorstand, bei Dialogabenden im Rahmen des christlich-islamischen Cafés, beim jährlichen Grillfest, bei den Friedensgebeten in einer christlicher Gemeinde und einer Moscheegemeinde, beim Fastenbrechen, beim Adventsabend oder bei einer Veranstaltung vor den Wahlen, bei der wir den Politikern die Anliegen der Muslime zu vermitteln versuchen und den Muslimen die Chancen und die Bedeutung dieser Wahlen.

In dieser Zeit ist das Vertrauen zwischen den Akteuren gewachsen und ein gesprächsbereites Umfeld entstanden. Ein Beispiel auch für andere, dass das geht: miteinander reden.

Mehr Resonanz in der Öffentlichkeit, besonders der Presse, und mehr Akzeptanz bei den politisch Verantwortlichen in Stuttgart würden wir uns allerdings wünschen.

Hier ein Bericht über eine Veranstaltung mit Professor Stefan Schreiner, Tübingen:

Ibn Ruschd, Ibn Tufail, Mose ben Maimon und die Quellen der Aufklärung

Das war kein einfaches Thema, zu dem die Gesellschaft für christlich-islamische Begegnung und Zusammenarbeit eingeladen hatte. Trotzdem kamen etwa 50 Zuhörer - Christen und Muslime - ins Foyer des Treffpunkt Senior (50 plus) im Rotebühlbau, um dem bekannten Tübinger Religionswissenschaftler zuzuhören. Und waren beeindruckt, ja begeistert, in welcher Souveränität er die geistes- und religionsgeschichtlichen Zusammenhänge überblickte und erläutern konnte.

Ist der Islam europakompatibel, fragen sich manche. Um diese Frage beantworten zu können, ist nach Meinung von Stefan Schreiner der Blick in die Geschichte hilfreich. Da fällt auf: Am Anfang dessen, was wir heute als europäische Kultur und Wissenschaft erkennen, stehen Juden, Christen und Muslime, die bei der Überlieferung und Weiterentwicklung antiken Denkens, antiker Philosophie und Wissenschaft zusammengewirkt haben. Zum Beispiel im Haus der Weisheit, der im Jahr 825 gegründeten Universität von Bagdad, wo zunächst vor allem Christen, Juden und Sabier, aber auch Perser, im Auftrag von Kalif al Hamun sich bemühten, das antike Wissen der Griechen, der Perser und anderer Kulturen in die neue Zeit herüberzuholen, also nicht nur zu übersetzen, sondern auch weiterzudenken. Bald gab es auch große muslimische Gelehrte. Wie zum Beispiel Ibn Tufail, Ibn Sinna (Avicenna), Ibn Ruschd (Averroes) und viele andere.

Aber gab es wirklich eine mittelalterliche Aufklärung, die auf die neuzeitliche Aufklärung eingewirkt hat? Professor Schreiner unterstützte diese These.

Im Kern ging es schon damals im Mittelalter um die Frage: Wie verhalten sich Vernunft und Offenbarung zu einander? Wenn es keine doppelte Wahrheit gibt, dann müssen die heiligen Schriften wie Bibel oder Koran ja mit den Erkenntnissen der Vernunft - und also auch untereinander - übereinstimmen.

Eine Erzählung des großen islamischen Gelehrten Ibn Tufail lässt erkennen, wie man damals unter dem Einfluss des neuplatonisch verstandenen Aristotelismus gedacht hat: Ein Säugling überlebt auf einer Insel und wird von einer Gazelle großgezogen. In einem Zyklus von 7 mal 7 Jahren erforscht dieser Mensch alle Geheimnisse der Welt: Immer ist er auf der Suche nach Ursachen und Wirkung, bis er mit 50 Jahren die erste Ursache erkennt, die Gott ist. Im Gespräch mit einem traditionell frommen Moslem, der auch auf die Insel verschlagen wird, erkennen beide, dass es dasselbe ist, was sie glauben: der eine aufgrund seiner Erfahrung, der andere aufgrund der Heiligen Schrift.

Diese Geschichte soll zeigen, dass Vernunft und Offenbarung, recht betrachtet, zum selben Ergebnis kommen, und dass es also nicht zwei Wahrheiten sondern nur eine Wahrheit gibt.

Ein ähnlicher Denkansatz findet sich wieder beim deutschen Aufklärer Gotthold Ephraim Lessing, etwa in der 4. These der Erziehung des Menschengeschlechts. Überliefert wurden diese Gedanken durch den mittelalterlichen jüdischen Philosophen Maimonides (Mose ben Maimon), den Lessing über den jüdischen Aufklärer Moses Mendelssohn kennengelernt hat.

Professor Schreiner legte allerdings auch dar, dass gegen Ende des Mittelalters im Osten wie im Westen andere Kräfte die Oberhand gewannen, Kräfte, die den Unterschied der Religionen betonten, und die These der Einheit von Vernunft und Offenbarung nicht mehr übernehmen konnten. Auch geschichtliche Ereignisse wie der Mongolensturm, der zum Ende des Kalifats führte und auch zum Ende der mittelalterlichen Liberalität, spielten dabei eine Rolle.

Eine lebhafte Aussprache schloss sich an das spannende Referat an. Das war klasse, den könnt ihr wieder einladen! Diesem Fazit einer Teilnehmerin ist nichts hinzuzufügen.

Übrigens:

Im vergangenen Jahr konnten wir das 15jährige Jubiläum der CIBZ im Großen Saal des Stuttgarter Rathauses festlich begehen. Die Festredner waren:

- Ali Kizilkaya, der Vorsitzende des Islamrates und frühere Sprecher des Koordinierungsrats der Muslime,
- Bischof Gebhard Fürst von der Diözese Rottenburg-Stuttgart,
- Prof. Dr. Ulrich Heckel als Vertreter des Evangelischen Oberkirchenrats und
- Dr. Michael Münter als Vertreter von OB Fritz Kuhn.

Wir haben aus diesem Anlass auch eine kleine Festschrift zusammengestellt, die Sie auf unserer Homepage **www.cibz.de** lesen und herunterladen können. Neben freundlichen Grußworten und einer Beschreibung unserer Arbeit finden Sie darin auch substanzielle Beiträge zum christlich-islamischen Dialog.

Schriftworte, die unsere Arbeit begleiten:

Fürwahr, er ist nicht ferne von einem jeden unter uns, denn in ihm leben und weben und sind wir. (Apostelgeschichte 17,27)

Debattiert mit den Schriftbesitzern nur auf die beste, weiseste Art, es sei denn, es geht um die Ungerechten unter ihnen. Sprecht: „Wir glauben an das, was uns, und an das, was euch herabgesandt wurde. Unser und euer Gott ist einer, Dem wir uns ergeben." (Koran 29:46)

Perspektiven für den christlich-islamischen Dialog in Deutschland, Chancen und Schwierigkeiten – Dr. Michael Blume, CIG Stuttgart und Umgebung

Gerade weil der christlich-islamische Dialog in Deutschland außerordentlich erfolgreich ist, überleben sich viele Institutionen. Für im Dialog Aktive bietet das enorme Chancen, aber auch emotionale Schwierigkeiten.

Am 10. Oktober 2013 ging ich mit einer Mischung aus Wehmut und Freude zur letzten Mitgliederversammlung der Christlich-Islamischen Gesellschaft (CIG) Region Stuttgart. Die Gründe für die Wehmut lagen auf der Hand: „Erst" fünfzehn Jahre zuvor, im Oktober 1998, hatten wir die CIG gegründet und ich hatte lange Jahre als Gründungsvorsitzender amtiert, erst gemeinsam mit Sinan Kutun und dann mit Murat Aslanoglu, dessen Engagement zu Recht bundesweite Anerkennung fand.

Ein überschaubares Team von Aktiven hatte in diesen Jahren mehrere Dutzend Dialogveranstaltungen auf die Beine gestellt und mehrere Hundert Vorträge gehalten. Wir waren mit Theater und Kabarett durch die Lande gezogen und hatten uns auch beim Aufbau des KCID eingebracht.

Nun aber kamen wir, kaum einen Minjan (im Judentum: 10 Betende) stark, in den Räumen eines Nachfolgeprojektes – des Haus Abraham e. V. – zusammen, um den beiden letzten Vorsitzenden, Emina Corbo-Mesic und Sebastian Krockenberger, zu danken und die Vereinsauflösung zu beschließen. Wehmut war also mehr als verständlich. Aber Freude? Das hatte ich zu erklären.

Mission erfüllt? Rückblick auf eine ehemalige CIG

Ich denke, dass die CIG Region Stuttgart ihren „institutionellen Auftrag" längst erfüllt hatte. Zunehmend hatte ich als „Ehrenvorsitzender" mit mehr Bauchschmerzen gesehen, dass tüchtige Leute wertvolles Engagement für die Aufrechterhaltung einer zunehmend leeren Hülle aufgewendet hatten.

Die CIG in der Region Stuttgart war – ohne dass dies am Anfang schon richtig klar gewesen wäre – eine kleine Empowerment-Bewegung von 20 bis 30 Aktiven und noch einmal 50 Unterstützern gewesen. Den Schwerpunkt bildeten jüngere Mitglieder: Musliminnen und Muslime, die meist als erste in ihren von Zuwanderung geprägten Familien den säkularen Bildungsaufstieg vollbracht hatten und nun nach Wegen suchten, als Teil der deutschen Gesellschaft anerkannt zu werden und eine positive Identität als deutsche Muslime zu entwickeln. Oft fiel das Wort von der „Eisbrechergeneration", die Wege freiräumt, damit künftige Generationen dort leichter durchsegeln können.

Auf christlicher Seite standen die Suche nach einer sinnvollen und Frieden stiftenden Tätigkeit außerhalb eines oberflächlichen Konsums, nicht selten aber auch Identitätsfragen sowie zu gestaltende Freundschaften und auch Partnerschaften mit Musliminnen und Muslimen im Vordergrund. So schufen wir uns engagiert einen gemeinsamen Lebens- und Bewährungsraum, in dem wir an selbst gestellten Herausforderungen miteinander und aneinander wachsen konnten.

Zugleich war diese Mischung aus Idealismus und Lernbereitschaft für viele ältere Partnerinstitutionen – von kirchlichen Akademien über Medien bis hin zu Moscheevereinen – sehr attraktiv und wir erhielten viel Aufmerksamkeit und Unterstützung. Nicht selten waren die Vorbereitungen oder „die Pizza danach" der eigentliche Raum für die Gespräche, in denen das Leben und die noch unklaren Träume sich berührten.

Und wir übten die Fähigkeiten ein, die wir dann im Berufs- und Familienleben entfalten würden – von Dialogverhalten und Empathie über öffentliches Auftreten und Gremienarbeit bis hin zu inhaltlichem Argumentieren in Wort und Schrift gegenüber ganz unterschiedlichen Zielgruppen.

Wir hatten das alles nicht bewusst (und auch einiges falsch) gemacht – aber vielen von uns öffneten die Erfahrungen neue Lebenswege und Kontakte, die wir ohne die CIG vielleicht nicht gefunden hätten. Wir konnten der Gesellschaft – von unseren Familien und Freundeskreisen angefangen bis hin zu Veranstaltungsbesuchern und Mediennutzern, die uns teilweise heute noch ansprechen – einiges geben und erhielten aber auch für unser Leben vieles zurück. Und die CIG funktionierte, zwar nicht als „Heiratsmarkt", festigte und vertiefte aber durchaus einige bestehende Freund- und Partnerschaften und signalisierte jungen Paaren: Liebe geht.

Und damit war auch klar, dass sich nach dem Abschluss der ersten Arbeitsverträge, der Geburt der ersten Kinder und den studiums-, familien- und berufsbedingten Wegzügen von immer mehr Mitgliedern die Frage stellen würde, ob die CIG eine neue Aufgabe finden oder als Institution langsam überflüssig werden würde. Ich denke, dass das zweite der Fall war – schon, weil sich die Lebenswelten von Christen und Muslimen drastisch gewandelt hatten.

Der Bildungsaufstieg von Muslimen war längst von der bestaunten Ausnahme („Sie können aber gut Deutsch!") zur Regel geworden („Danke, es war mein Abiturfach."). Dem entsprechend entstanden zunehmend islamische wie auch interkulturelle Institutionen etwa in Stipendiatenkreisen, an Hochschulen und schließlich in den Religionsgemeinschaften selbst, die junges Engagement mit neuem Selbstbewusstsein bündelten und formten. Würden wir heute, wundersam verjüngt, noch einmal eine christlich-islamische Plattform gründen, so wohl nicht mehr als eingetragener Verein mit Mitgliederversammlung und Kassenprüfern, sondern als ein sich locker treffendes Netz aus Gruppen in sozialen Netzen wie Facebook, ergänzt durch Blogs und Videoangebote, um zu informieren und aufzubauen sowie salafistischen wie rechtsextremen Fundamentalisten die Vorherrschaft im virtuellen Raum und durch Veranstaltungen streitig zu machen. Und genau dies geschieht auch täglich hundertfach – wohl noch nie waren so viele Menschen im christlich-islamischen Dialog aktiv wie heute; nur eben in anderen, häufig internetbasierten Netzwerken und Institutionen, die es so vor zehn, fünfzehn Jahren noch gar nicht gab.

Wer führt Dialog?

Mit diesem Rückblick möchte ich auf die Grundfrage zurückkommen, die sich im interreligiösen Dialog ja immer wieder stellt: Wer führt ihn eigentlich idealerweise, diesen Dialog? Die Religionsgemeinschaften, vertreten durch ihre mehr oder weniger demokratisch legitimierten Geistlichen und theologisch Gelehrten? Die Politikerinnen und Politiker, die zu medienwirksamen Islamkonferenzen laden und danach über Zuschüsse und Gesetzesvorhaben entscheiden? Die Intellektuellen und Künstlerinnen, deren Impulse und Debatten neue, gemeinsame Öffentlichkeiten schaffen? Oder doch irgendwie all die Menschen, die nicht in den Medien vorkommen, einander aber zu den Festtagen gegenseitig grüßen und hin und wieder auch einladen? Muss man sich überhaupt formell zum Dialogaktiven ernannt haben, oder reicht es, zunehmend gemischten Freundes-. und Familienkreisen anzugehören und sich dabei auch über religiöse Fragen auszutauschen?

Während frühere Debatten noch die „richtige" Dialogform auszumachen versuchten, lässt sich heute wohl als weitgehender Konsens festhalten: Gewonnen hat die Vielfalt der Ansätze, die sich durchaus gegenseitig befruchten. Beispielsweise ist eine Nachfrage nach deutsch-islamischer Literatur sowohl für Muslime wie für Nichtmuslime entstanden. Umgekehrt rückt mit dem Bildungserfolg islamischer Aufsteiger auch westliches Bildungsverständnis samt christlich-theologischen Erfahrungsschätzen in die islamischen Verbände ein. Inzwischen haben alle Fraktionen des deutschen Bundestages auch Abgeordnete mit muslimischem Hintergrund, beginnen sich auch öffentlicher Dienst und Verwaltungen auf der Suche nach kompetenten Fachkräften zunehmend zu öffnen. Christlich-islamischer Dialog ganz unterschiedlicher Qualität ist heute zumindest in den westdeutschen Städten zu einem Alltagsphänomen geworden.

Alles gut? Gefahren der Zerstreuung, Chancen der Netzwerke

Ich denke, wir sollten der Gefahr ins Auge sehen, dass sich auch christlich-islamische Dialogvereine angesichts dieser schnellen Veränderungen überleben und wertvolle Zeit wie auch Geldmittel binden, ohne noch starke Impulse entwickeln zu können. So gewinnt beispielsweise auch der jüdisch-christliche Dialog bundes- und europaweit an Breite und Tiefe, ohne dass die vielerorts traditionsreichen Gesellschaften für christlich-jüdische Zusammenarbeit immer daran teilhaben könnten; auch hier droht vielerorts Überalterung und Lähmung. Die großen Initiativen gehen dagegen zunehmend von den Kirchen und Religionsgemeinschaften sowie ihren internationalen und wissenschaftlichen Institutionen aus. Zunehmend werden aber auch politisch-staatliche Akteure tätig, etwa mit Runden Tischen, Konferenzen oder internationalen Allianzen. Teilweise werden dabei Fachleute für diese religiösen und politischen Institutionen durchaus aus dem ehrenamtlichen Engagement gewonnen.

In der Gesamtanalyse kann man also zu dem Ergebnis kommen, dass sich einige Arbeitsfelder christlich-islamischer Dialogvereine aus diesen wegverlagern und dass damit auch liebgewonnene Institutionen überflüssig werden können. Zugleich ergeben sich aber auch neue, vielleicht sogar an Bedeutung weiter wachsende Aufgaben, die von bestehenden oder neuen Dialogvereinen bearbeitet werden können. Ich nenne wenige Beispiele:

1. Der „abrahamitische" Trialog und die Verteidigung der Grundrechte

Nicht nur aufgrund ihrer religionsgeschichtlichen Verwandtschaft, sondern auch aufgrund der gemeinsamen Aufgaben kann ein Brückenbau zwischen jüdisch-christlichen und christlich-islamischen Dialogaktiven wertvoll sein. So stellen sich die Probleme des Antisemitismus und der Islamophobie, der Verschwörungstheorien und der Versuche, religiöse Gruppen gegeneinander auszuspielen, heute sowohl Juden, Christen wie Muslimen.

Die massiven und teilweise weiter geschürten Ressentiments gegen die vorgeblich „archaischen Bräuche" der Knabenbeschneidung signalisierten eine breite, gesellschaftliche Bereitschaft zur weiteren Einschränkung von Religionsfreiheit und Elternrechten. Auch vielen Vertreterinnen und Vertretern der Kirchen wurde dabei völlig klar, dass sich diese gegen Minderheiten gerichtete Stoßrichtung im Erfolgsfall unmittelbar gegen die Kindertaufe und gegen religiöse Erziehung (im Jargon der Kritiker „Indoktrination") richten würde. Kurz: Zur Argumentation in einer zunehmend säkularisierten Gesellschaft und zur Verteidigung gerade auch der religionsbezogenen Menschen- und Grundrechte sind „trialogische" Begegnungen und Dialoge unverzichtbar. So bringen sich Aktive der ehemaligen CIG Region Stuttgart e. V. heute im Haus Abraham e. V. in jüdisch-christlich-islamischen Kontexten ein.

2. Lokale Netzwerke

Nicht wenige christlich-islamische Dialogvereine gehen ursprünglich auf lokale Konflikte beispielsweise um Moscheebauprojekte zurück, die vielen Menschen aufzeigten: Hier besteht Gesprächs- und Dialogbedarf.

Die Erfahrung zeigt, dass gerade bei solchen lokalen Ereignissen die Internet-Medien auch schnell an ihre Grenzen stoßen, da sie dazu neigen, sowohl Befürworter wie Gegner in ihre jeweiligen

„Filterblasen" einzuschließen, in denen nur noch die eigene Position weiter aufgeladen wird.

Die konkrete Begegnung, das Gespräch und idealerweise gemeinsame Lachen und Essen bleiben hier also unverzichtbar; werden vielleicht sogar wichtiger denn je. Und wo lokale Netzwerke gepflegt werden, können sie im Not- oder Konfliktfall auch aktiviert und ausgeweitet werden.

3. Nachwuchs und Impulse fördern

Gerade wenn sich der interreligiöse Dialog einerseits in den Alltag und andererseits auf große Institutionen verteilt, besteht die Gefahr, dass er zunehmend nur noch von Menschen gestaltet wird, die irgendwie „auch noch was mit Kirche und Islam machen". Wie bei anderen gesellschaftlich bedeutenden Themen braucht es jedoch auch praktisches Spezial- und Expertenwissen.

Dialogvereine werden damit wichtig als Orte, an denen sich auch Nachwuchskräfte erproben und entsprechende Erfahrungen und Kontakte erwerben können. Ebenso benötigen zum Beispiel Wissenschaftlerinnen, Buchautoren oder Kunstprojekte einen Resonanzraum, der ihre Arbeiten aufgreift, wahrnimmt und ggf. auch honoriert.

Honorierte Vorträge, Lesungen oder auch Preisverleihungen erhalten damit ein eigenes Gewicht als Ermutiger und „Verstärker" guter Ideen und Leute. Gerade auch weil der Anteil der Musliminnen und Muslime mit akademischer Bildung schnell steigt, braucht es Räume der Präsentation und des Austauschs auf Augenhöhe. Sonst besteht die reale Gefahr, dass sich die öffentliche Aufmerksamkeit auf wenige medienwirksame Provokateure beschränkt und differenziertere Arbeiten unter- und verloren gehen.

4. Brücke zwischen On- und Offline-Welten

Zumal der Lokaljournalismus unter anhaltendem Spar- und Sensationsdruck steht, haben viele Dialogvereine längst eine eigene, berichtende Begleitung durch Online-Medien wie Blogs, soziale Webseiten oder Videokanäle aufgebaut Allerdings ist die Produktion von hochwertigen Online-Inhalten eine oft zeitaufwändige und auch einsame Tätigkeit. Durch Anerkennung und Vernetzung „im echten Leben" können Dialogvereine hier sehr vieles bewegen! Was spricht dagegen, Online-Aktive einmal gesondert zu ehren oder beispielsweise beim Besuch eines religiösen Würdenträgers auch Online-Medien einzubeziehen?

Mehr noch: Gerade auch große Dialogvereine oder der KCID könnten beispielsweise jährliche Bloggertreffen ausrichten, in denen konstruktive, christliche und muslimische Bloggerinnen und Blogger einander kennenlernen, sich vernetzen und eine wirkmächtige Gegenöffentlichkeit gegen den virtuell grassierenden, extremistischen Schund bilden.

5. Dialog im demografischen Wandel

Immer noch wird das Megathema des demografischen Wandels fast nur unter wirtschaftlichen Aspekten diskutiert, nach dem Motto: Wo bekommen wir ab 2020 (ab dem die Baby-Boomer ins Rentenalter eintreten) die Fach- und Pflegekräfte her?

Tatsächlich zeichnet sich aber ein tiefgreifender gesellschaftlicher und auch religiöser Wandel ab. So finden Säkularisierungsprozesse in sicheren und wohlhabenden Gesellschaften weiter statt und haben längst auch deutsch-islamische Milieus erreicht. Zugleich sinkt mit abnehmender Religiosität aber auch die Familiengröße: Unter Juden, Christen und Muslimen – gerade auch mit höheren Bildungsabschlüssen – weisen fast nur noch religiöse Familien mehr als zwei Kinder auf. Teilweise in den USA und der Türkei, überdeutlich aber auch in Israel erfolgt damit gleichzeitig ein Anwachsen ergrauender, säkularer Milieus und religiöser, teilweise tief religiöser Familien- und Jugendkulturen.

In Deutschland sterben seit 1972 ununterbrochen mehr Menschen, als noch im Inland geboren werden – die Kinder von Zuwanderern sind dabei mitgezählt. Der Bedarf an Arbeits-, Fach- und Arbeitskräften steigt damit rapide, während die Geburtenraten längst auch weltweit einbrechen. In Zukunft werden Einwanderungsländer wie Deutschland, Österreich und die Schweiz also zunehmend aufnahmebereiter sein müssen – Integration wird zur Daueraufgabe.

Dialogvereine sind schon heute eine wichtige Brücke, auf der sich Vertreterinnen und Vertreter alternder, säkularisierender Milieus von Einheimischen mit Zuwanderern und nicht zuletzt deren ebenfalls in Deutschland geborenen, identitätssuchenden Nachkommen treffen. Jenes alte Integrationsverständnis, nach dem historisch aufgeklärte „Bio-Deutsche" aus Mildtätigkeit Zuwanderer aufnehmen und deren Kinder bei deren möglichst reibungsloser Assimilation unterstützen, wird ersetzt werden müssen durch ein Bewusstsein, dass Deutschland zu einem Land und einer Gesellschaft wird, die nur noch aufgrund ihrer inneren Vielfalt lebens- und zukunftsfähig bleiben kann.

Ehrenamtlicher Dialog hat Zukunft!

In der Summe komme ich also zum Ergebnis, dass der christlich-islamische Dialog gerade auch im Ehrenamt seinen unaufgebbaren Wert und seine Zukunft hat. In einer zunehmend komplex vernetzten Welt braucht es Menschen, die praktische Erfahrungen mit und mehr als Zeitungswissen über Angehörige anderer Religionen aufweisen. Gerade auch die großen religiösen und politischen Institutionen sind auf Impulse und Fachkräfte angewiesen, für die der interreligiöse Dialog mehr als einer von vielen Tagesordnungspunkten ist. Ohne die Verwurzelung in der Lebenserfahrung von Menschen droht die Gefahr, dass das interreligiöse Gespräch in politische Schaufenstersymbolik einerseits und in wissenschaft-lich-weltfremde Überspezialisierung andererseits zerfällt.

Gerade weil ehrenamtliches Engagement so überaus kostbar ist, sollte es nicht in Institutionen verausgabt werden, die ihren eigent-lichen Zweck bereits erfüllt haben. Man darf wohl von „Ver-schwendung" und „Sünde" sprechen, wenn Menschen ihre meist knappe Zeit aus Pflichtgefühl in weitgehend ergebnislosen Gremi-ensitzungen verschleudern, um leere Hüllen am Leben zu halten. Gerade weil jeder echte Dialog ein prozesshaftes Geschehen ist, sollte sowohl das Ableben wie Neugründen von Dialogvereinen seinen Platz im KCID haben.

Ohne Zweifel gewinnt der Online-Dialog gerade auch in den jüngeren Generationen schnell und enorm an Bedeutung: „Imam Google" und „Pastorin Facebook" prägen das religiöse Leben längst ebenso wie twitternde Päpste und spezialisierte Blogs. Wäh-rend die großen Institutionen diese Welt mit eigenen Abteilungen bespielen und extremistische Gruppen engagiert ihre Netze zur Mitgliedergewinnung auswerfen, fehlt es dem christlich-islamischen Dialog noch an einer aktiven Brücke zwischen On- und Offline-Welt. Ein jährliches oder zweijährliches Treffen christlicher und islamischer Bloggerinnen und Blogger gehört zu den Einrich-tungen, an denen es in Deutschland und unseren Nachbarländern leider noch immer fehlt.

Gleichzeitig ist abzusehen, dass der demografische Wandel ganz neue Herausforderungen mit sich bringen wird. Wo alternde, säku-larisierte Einheimische, junge, vielfältig religiöse Familien- und Jugendkulturen sowie der wachsende Bedarf an Zuwanderung aufeinander treffen, werden Spannungen und Identitätsfragen, Konflikte und Populismen nicht ausbleiben.

Nein, Dialogvereine haben sich nicht überlebt. Denn schon zu Zeiten der Propheten war klar: Wirkliche Begegnung zwischen Menschen findet in einem Klima der realen Gastfreundschaft statt. Und der gemeinsame Tee, das Gespräch mit Augenkontakt und der freundliche Humor einer vertrauten Runde lassen sich auch in Zukunft nicht online verkosten. Wo Dialogvereine solche Orte nicht schaffen, werden sie in Zukunft noch mehr fehlen als schon heute.

Dr. Michael Blume ist Jahrgang 1976, Religionswissenschaftler und Buchautor. Beruflich arbeitet er als Referatsleiter für Kirchen und Religion, Integration und Werte in der Staatskanzlei von Baden-Württemberg. In seinem mit dem scilogs-Preis 2009 ausgezeichneten Wissenschaftsblog „Natur des Glaubens" befasst er sich vor allem mit der Evolutionsforschung zur Religion und den Zusammenhängen von Religion und Demografie.

Abraham heute – Michael Blume und andere

– Eine Begegnung –

Wir geben hier eine gekürzte Fassung des Theaterstücks wieder. In dessen Vorwort von 2001 heißt es:

1998 kam eine kleine Zahl junger Christen und Muslime zusammen und gründete die Christlich-Islamische Gesellschaft – zuerst nur im Landkreis Esslingen, nach großem Zulauf bald in der Region Stuttgart. Durch die Unterstützung vieler Menschen wurden zahlreiche Veranstaltungen möglich – Gespräche, gegenseitige Besuche in Moscheen und Kirchen, Vorträge, Arbeitskreise und Diskussionen, bis hin zu gemeinsamen Reisen, Festen und Filmabenden. Immer wieder, wenn wir uns dabei tiefer über unsere Religionen unterhielten, stießen wir auf Abraham und seine Familie – und spätestens hier bemerkten wir, dass zum Verständnis dieser gemeinsamen Wurzel unbedingt auch das Judentum dazu gehört. So machten wir uns auf den Weg zur Israelitischen Religionsgemeinschaft Württembergs, wo wir mit Herrn Meinhard Tenné, dem damaligen Vorstandssprecher der Gemeinde und dann auch mit einigen Menschen in der Gesellschaft für christlich-jüdische Zusammenarbeit offene und engagierte Gesprächspartner fanden.

So wurde ab 2000 der „Dialog" zum „Trialog", u. a. mit einer großen Veranstaltung im Stuttgarter Rathaus zur Europawoche und mit der mehrtägigen Begleitung einer jüdisch-amerikanischen Studiengruppe bei ihrer Deutschlandreise. Im Oktober wagten wir uns dann an das bisher größte Projekt: unser erstes „Abrahamsfest" mit Juden, Christen und Muslimen im Kongresszentrum in Filderstadt. Zu diesem Fest haben wir das vorliegende Theaterstück „Abraham heute" entwickelt. Wir probten und besprachen das Stück im Vorfeld des Abrahamsfestes in der Gruppe, fügten Änderungen ein und diskutierten miteinander.

Idee, Konzeption und Ausarbeitung des Textes stammen von Michael Blume. Wichtige Beiträge und Verbesserungen steuerten u. a. besonders Murat Aslanoğlu, Christoph Bräutigam und Gülşah Doğan bei.

Am Abend des 28. Oktobers 2000 kam „Abraham heute" zu seiner Uraufführung und fand zu unserer Freude bei den Vertretern aller drei Religionen großen Anklang.

Nun bleibt uns nur noch, Ihnen viel Spaß beim Lesen und Gottes Segen in Ihrem Wirken zu wünschen! Lassen Sie uns gemeinsam der sich abzeichnenden Vielfalt in unserer Gesellschaft und in der kleiner werdenden Welt mit Mut, Neugier und Hoffnung entgegen gehen – im festen Glauben daran, dass der Eine da ist, Der alle Seine Kinder liebt und ihnen gerade auch durch Abraham Seinen guten Segen zugesagt hat.

Ihr Team der CIG Region Stuttgart e. V.

Es spielen mit:

David
Mirjam
Hatice
Rudi
Max

1. Akt

- In einem Haus –

Max, eintretend: Hallo, Mirjam! Sieht aus, als wär' ich der Erste. Dabei haben wir uns für Punkt 12 verabredet! Und Zeit ist Geld! – Hey, du siehst ja traurig aus. Stress mit den Eltern?

Mirjam: Ja, ein wenig.

Max: Versteh ich gar nicht, wie ihr Probleme haben könnt! Dein Dad verdient doch gut und das Haus ist doch so groß, dass jeder sein Zimmer haben kann.

Hatice, eintretend: Hallo, ihr zwei! Ein Haus mit vielen Zimmern? Sprecht ihr über die Villa oder über Europa?

Mirjam: Ach, wir haben nur so geredet.

Max: Stell dir vor, Hatice, sogar Mirjam hat mit ihrer Familie manchmal Probleme!

Hatice: Oh. Gab es Streit – wegen uns?

Mirjam: Ach was, wie kommst du denn darauf!? Ihr seid hier alle willkommen! Familien streiten eben!

Hatice: Wem sagst du das!? Auch bei uns... Naja, vielleicht könnt ihr's euch ja denken, auch bei uns gibt's manchmal kräftig Streit. Unsere erste Generation fühlt sich hier immer noch fremd. Die zweite weiß nicht so richtig, wo sie hingehört. Und der dritten wird vorgeworfen, dass sich die erste und die zweite so schwer tun!

Rudi, eintretend: Hallo, allerseits! Mannomann, was für eine Protzvilla! Sind deine Eltern auf den Mist genauso stolz wie meine!?

Max: Der gute, alte, revolutionäre Rudi! Erst mal mit einer Beleidigung anfangen. Dabei kannst du nur so große Töne spucken, weil du selbst in Wolle aufgewachsen bist!

Rudi: Würdest du meine Eltern kennen, würdest du das nicht sagen! Sie sind der lebende Beweis dafür, dass viel Geld nicht immer viel Herz bedeutet.

Max: Ach so. Deswegen gibst du es so kräftig aus – das Geld deiner Eltern!

Rudi: Ich nehme keine Mark mehr von ihnen – na ja, fast keine – und trage eigene Klamotten. Nicht halb so spießig wie deine!

Max: Was ich trag, hab ich mir selbst verdient! Ich arbeite, und leb nicht auf Kosten anderer!

Rudi: Du klingst schon wie mein Vater...

David: Schalom allerseits! Stör ich!?

Hatice: Im Gegenteil! Wir stellen gerade fest, dass jeder so seine Themen daheim hat...

Rudi, spöttisch: Na, deswegen haben sich die Christen doch ihren „Himmlischen Vater" erfunden. Die auf der Erde waren ihnen einfach viel zu anstrengend.

David: Lieber Rudi, schon bevor es die Christen gab, hat auch mein Volk schon von Gott als dem „Vater" gesprochen – als Vater aller Menschen übrigens. Und sage keiner, der habe nicht auch seine Probleme mit seinen Kindern...

Rudi: ... und sie mit ihm!

Max: Einen Extrapunkt für unseren David, der die Brücke geschlagen hat zu unserem heutigen Thema! Ich würde sagen, lasst uns endlich anfangen, denn ihr wisst ja...

Mirjam, unterbrechend: ... Zeit ist Geld, ja, ja, schon klar.

Alle platzieren sich, suchen ihre Notizen heraus.

Max: Okay, dann lasst uns mal anfangen, es geht schließlich um eine gute Note! Hat sich jeder, wie abgemacht, schon ein paar Notizen gemacht?

Mirjam: Ja, ich hab mir auch Sachen aus der Bibel rausgeschrieben. Aber wie gehen wir damit um, wenn sich Aussagen widersprechen sollten?

Hatice: Du meinst, zum Beispiel zwischen Bibel und Quran..?

David: ...oder zwischen den Auslegungen?

Rudi: Na, das ist doch klar! Ihr führt „Heiligen Krieg" gegeneinander – wie die letzten Jahrhunderte!

Hatice: Also Rudi, ich würde sagen, in Sachen Toleranz brauchst du uns keine Nachhilfe zu geben! Du wirklich nicht!

Max, haut auf den Tisch: Hört bloß auf! Jetzt sag ich euch mal was! Es interessiert mich überhaupt nicht, was hier jeder glaubt oder getan hat! Ich investiere hier Zeit, weil ich ein gutes Ergebnis sehen will – und zwar möglichst effektiv und ZÜGIG! Also, wer fängt an!?

David: Eine schöne Interpretation von Toleranz, Max! Dir ist einfach alles egal!

Max: Ich orientiere mich einfach an dem, was am Ende rauskommt!

David: Und es wird gar nichts rauskommen, wenn wir nicht einmal den Mut haben zu klären, zu welchem Volk Abraham am ehesten gehört! Bitte entschuldigt, aber ihr müsst doch zugestehen, dass das Volk der Juden sich schon auf Abraham bezogen hat, als der Rest der Welt diesen Namen noch gar nicht kannte!

Mirjam: Ja, natürlich – aber deswegen kann man doch wohl nicht sagen, jetzt wäre Abraham euer Eigentum!

David: Das hab ich so auch nicht getan!

Hatice: Was streitet ihr euch?! Es ist doch wohl klar, dass Abraham an sich weder Jude noch Christ gewesen sein konnte, denn zu seiner Zeit gab es weder die Thora noch das Evangelium...

Rudi, spöttisch: Ach so, aber den Quran, Hatice, den gab es schon, oder was!?

Hatice: Es gab die eine Religion Gottes, die an allem Anfang war, die Abraham wieder errichtet und seinem Volk verkündigt hat!

David: Lass mich raten, Hatice – du meinst, das wäre der Islam!

Hatice: Du meinst ja auch, es wäre das Judentum!

Mirjam: Und was ich meine, ist auch klar!

Max: Na großartig – Sackgasse!

Rudi: Ich hab's doch gesagt – bei euch Religiösen kann es immer nur einen geben!

David: Wenn du Gott meinst, es gibt auch nur einen!

Rudi: Und wenn es nur einen gibt, warum hat er es dann so kompliziert gemacht?

Hatice: Vielleicht, um uns aneinander zu prüfen? In einer Sure im Quran heißt es... Moment... (sucht eine Notiz) Hier, hört mal, es ist natürlich nur eine Übersetzung, aber sinngemäß lautet es in der Sure 5, Vers 49: „Einem jeden von euch haben wir eine klare Satzung und einen deutlichen Weg vorgeschrieben. Und hätte Gott gewollt, Er hätte euch alle zu einer einzigen Gemeinde gemacht. Doch Er wünscht euch auf die Probe zu stellen durch das, was Er euch gegeben. Wetteifert darum in guten Werken. Zu Gott ist euer aller Heimkehr. Dann wird Er euch aufklären über das, worüber ihr uneinig wart."

Max: Nicht schlecht! „Wetteifern" gefällt mir. Also so eine offene Art Wettbewerb, in dem jeder beweisen muss, was in ihm steckt!

Hatice, erfreut: Ja, so kann man es sehen! In der gleichen Sure, 20 Verse weiter, heißt es dann auch: „Diejenigen, die glauben, und diejenigen, die dem Judentum angehören und die Sabäer und die Christen – alle die, die an Gott und den jüngsten Tag glauben und tun, was Recht ist, brauchen wegen des Gerichtes keine Angst zu haben, und sie werden am Jüngsten Tag nicht traurig sein."

David: Das klingt irgendwie alles ein bisschen nach Lessing „Nathan der Weise", findet ihr nicht?

Hatice: Wie ich neulich in einem Buch gelesen habe, – übrigens eines anerkannten christlichen Theologen – spricht ja auch vieles dafür, dass Lessing diese Stellen kannte!

Max, eifrig notierend: Super! Das nehmen wir gleich in die Arbeit auf. Lessing gibt fast immer Punkte!

Mirjam: Dann wird Lessing aber sicherlich auch gewusst haben, dass es im Quran auch ganz andere Stellen gibt, die von Juden, Christen und Andersgläubigen alles andere als positiv sprechen!

David: So wie im gemeinsamen Teil unserer Bibel auch ganz schön grausame Dinge stehen. Und auch euer Evangelium, Mirjam, ist ja nicht frei von ganz schön harten, antijüdischen Stellen! Ich glaube, da sollte man ein bisschen vorsichtig sein, mit dem Finger auf andere zu zeigen!

Rudi, spöttisch: David – woher plötzlich diese selbstkritische Toleranz?!

David: Es wird dein Bild von den ewig intoleranten Religionen wohl etwas erschüttern, Rudi, aber das, was Hatice da genannt hat, ist auch meinem Glauben im Kern nicht fremd. So heißt es etwa im Talmud ... (sucht kurz Notizen) Ah, hier: „Die Gerechten der Völker haben Anteil an der kommenden Welt." Unser Himmel und unser Gott sind also gerechten Menschen nicht verschlossen! Und kein Geringerer als Maimonides, einer unserer größten Gelehrten des Mittelalters, hat gelehrt, dass auch Christentum und Islam Werkzeuge Gottes seien, um das Kommen des Messias vorzubereiten! Warum sollte ich es also nicht auch unterstützen, wenn Hatice in ihrem Glauben Gutes und Gerechtes findet!?

Hatice: Das hab ich gar nicht gewusst! Ich dachte immer, ihr Juden und Christen glaubt, wer nicht genau euren Glauben hat, ist sofort und automatisch ein Fall für die Hölle!

Max: Das ist doch auch so. Zumindest bei den Christen, oder!? Wenn ich meinen vorgeblich so „bibeltreuen" Nachbarn richtig verstanden habe, kann ein Mensch sich noch so bemühen, kann engagiert und gerecht sein, so lange er nicht Christ wird, ist er verloren! Für mich klingt das zutiefst ungerecht, eingebildet und vor allem leistungsfeindlich! Das war übrigens für mich einer der Gründe zu sagen: Religion – Nein danke!

Mirjam: Einspruch – Euer Ehren! Nur weil dir das einer erzählt hat, muss es so auch noch nicht stimmen. Zumindest nicht in meiner Kirche! Bei meinen Recherchen zum Thema Abraham war ich natürlich auch im Internet und hab einfach einmal ein paar Sites meiner Kirche nach seinem Namen abgesucht. Und – haltet euch fest! – beim letzten Konzil unserer Kirche, dem 2. Vatikanischen, bin ich mehr als fündig geworden!

Hatice: Ähm, Mirjam, was bitte ist ein Konzil?!

Rudi, nörgelt: Kommt schon, was hat das alles hier noch mit diesem Abraham zu tun?!

Hatice: Es wird mir doch noch erlaubt sein, Mirjam eine Frage zu stellen.

Mirjam: Auf einem Konzil kommt die gesamte katholische Kirche, mindestens in Vertretung ihrer Bischöfe, zusammen, berät sich – oft über Jahre – und legt dann unseren Glauben aus. Dieses letzte Konzil also war das erste, das den Mut hatte, sich intensiv mit der Frage der nichtchristlichen Religionen zu befassen. Und siehe da: In der Erklärung „Nostra Aetate" erkennt die Kirche „Strahlen der Wahrheit" in den anderen Religionen an. Gerade auch der Islam und das Judentum werden im Zusammenhang mit Abraham nicht nur genannt, sondern auch sehr gewürdigt!

Dein Volk, David, wird übrigens ausdrücklich „Stamm Abrahams" genannt!

David, nickt: Ich habe natürlich davon gehört. Dieses Konzil war ein guter Anfang auf einem schweren Weg. Aber du wirst mir nicht übel nehmen, wenn ich es traurig finde, dass es nahezu zwei Jahrtausende und sehr viel Unrecht bis dahin gebraucht hat!

Max: Und dieses Konzil hat also feierlich erklärt, dass andere auch eine Chance haben?

Mirjam: Genau das steht in einem anderen, wichtigen Text: In der Erklärung über die Kirche selber! Moment, ich hab's ausgedruckt und kopiert, hier: Nostra Aetate und Lumen Gentium, Kapitel 16. (Sie teilt aus, alle lesen.)

David: Gar nicht übel, die Aussagen über das Judentum. Wirklich ein guter Anfang...

Hatice: Hier steht ausdrücklich drin, dass wir Muslime im Heilswillen eingeschlossen sind und uns zum Glauben Abrahams bekennen. Und dass wir gemeinsam den Einen Gott anbeten, den Barmherzigen – hey, die haben ja extra den Namen für Gott verwendet, den wir am häufigsten benutzen: Ar-Rahman – der Barmherzige!

Max: Sogar denen, die nicht ausdrücklich an Gott glauben, ist hier ein Türchen geöffnet, wenn sie sich um ein rechtes Leben bemühen. Hätt ich jetzt nicht gedacht. Ich meinte immer, Kirche sei so was Mittelalterliches. Ist das jetzt der neueste Stil des Papstes?

Mirjam: So neu ist das gar nicht. Diese Texte stammen alle vom Beginn der 60er Jahre!

David: Das ist echt interessant – aber leider kennt das gar kein Mensch!

Max: Kunststück – wer liest heute noch Bücher über Religion?

Rudi: Das klingt ja alles ganz toll – aber, Mirjam, nenn mir auch nur einen Bibeltext von deinem Jesus, an dem du das festmachen willst!

Mirjam: Wie wär's mit dem barmherzigen Samariter?!

Max: Dem barmherzigen was?

David: Samariter, eigentlich Samaritaner.

Max: Gibt's davon eine Kurzversion?

Mirjam: Es ist ein Gleichnis von Jesus: Ein Mann wird von Räubern überfallen und verletzt liegengelassen. Leute kommen vorbei. Erst ein Tempeldiener, dann ein Priester – beide helfen dem Mann nicht. Dann ein Samariter – der kümmert sich um den Verletzten. Und Jesus sagt: Der Samariter hat den Bund mit Gott erfüllt, die anderen nicht!

Rudi: Eine schöne, alte Geschichte – aber einen großen Punkt für Toleranz seh'

ich da nicht!

Mirjam: David, kannst du uns sagen, wie die Samaritaner vom Judentum aus gesehen wurden?

David: Die Samaritaner erkannten nicht alle unsere Bücher an und hatten ein eigenes Heiligtum. Zur Zeit Jesu galten sie natürlich als solche, die sich vom Glauben losgesagt hatten. Mirjam, ihr würdet sagen, als Ketzer.

Mirjam: Und ausgerechnet einen solchen Ketzer stellt Jesus als Vorbild all den angeblich so Rechtgläubigen hin! Indem dieser Samariter dem anderen hilft, erfüllt er nach Jesus den Bund mit Gott. Die Rechtgläubigen, die Hilfe verweigern, aber nicht! Wenn das mal keine Botschaft ist, oder!? ... Ich glaube, dieses Gleichnis gilt auch zwischen uns!

Max: Sehr schön. Jetzt haben wir uns alle schöne Geschichten erzählt und viel voneinander gelernt – was mir fehlt ist aber ein greifbares ERGEBNIS!

David: Ich würde sagen, wir sind einfach mal so weit, dass wir mit den Texten anfangen können.

Max: Einen Moment, ihr habt dieses Gelaber gebraucht, um mit dem Arbeiten anzufangen?! Da sieht man, dass ihr keine Geschäftsleute seid!

Rudi: Warum sind Geschäftsleute deiner Meinung nach so schnell?

Max: Ist doch klar – sie wissen, worum es geht! Ums Geld.

Hatice: Wir haben einen Moment gebraucht, es herauszufinden, worum es uns gemeinsam geht – und ich möchte behaupten, das ist mehr wert als Geld.

Max: Ach ja – und was soll das sein?

David: Ich würde es „Schalom" nennen.

Hatice: Und ich „Salam".

Mirjam: Ich Frieden.

Rudi: Bevor ihr jetzt miteinander in Tränen der Rührung ausbrecht – wer fängt denn wirklich an?

Max: Danke, Rudi.

Rudi: Bitte, Max.

Hatice, zu Mirjam: Ich würde sagen, der erste Schritt liegt bei der Gastgeberin.

David: Ja, so sollte es sein.

Mirjam: Okay. Ich hab mir einfach mal die Bibel angeschaut – das Buch Genesis, um genau zu sein. Da steht ja eine Menge zu Abraham drin. Aber am interessantesten finde ich die Stelle ganz am Anfang: „Und der Herr sprach zu Abram: Geh aus deinem

Vaterland und von deiner Verwandtschaft und aus deines Vaters Haus in ein Land, das ich dir zeigen will. Und ich will dich
zum großen Volk machen und will dich segnen und dir einen
großen Namen machen und du sollst ein Segen sein. Ich will
segnen, die dich segnen, und verfluchen, die dich verfluchen,
und in dir sollen gesegnet sein alle Geschlechter der Welt."

Rudi: Stop! Wer will mit mir mitlachen!?

Hatice: Wieso? Was ist denn los?

Rudi, aufspringend: Segen! Hah! Seht ihr es denn nicht!? Wo bitte
ist Abraham ein Segen? Wo bitte ist Religion ein Segen?

an David: Komm, sag doch, David, wie könnt Ihr diesen Abraham
einen Segen nennen!? Hat er eurem Volk nicht nur Verfolgung
eingebracht? Unterdrückung und Tod und sinnlose Gesetze?!
Wie kannst du, nach allem was geschehen ist, noch behaupten,
er oder sein Gott wären „irgendein" Segen!?

Hatice: Rudi, warum so aggressiv? Was willst du damit erreichen?

Rudi: Ich will euch die Augen öffnen! Ich will klare Antworten und
kein hohles Gesülze! Im Gegensatz zu Max bin ich nicht bereit,
irgendwelchen Schmalz zu fabrizieren nur wegen einer guten
Note! Eure Religionen sind doch nur Masken und dieser Abraham der Beginn einer großen Lüge!

David, ruhig: So falsch ist deine Frage nicht, Rudi. Wie kann und
konnte Er das alles zulassen? Viele von uns kämpfen damit –
und keinem fällt es leicht, keinem. Aber, hast du dir die Alternative schon einmal überlegt? Wenn Abrahams Weg ohne Bedeutung war, welche Bedeutung hätte dann unser Weg gehabt?
Wenn sein Glaube nur Einbildung war, war dann alles, was wir
geglaubt haben, und wofür man uns hasste und weiter hasst –
auch nur sinnloser Wahn? Wenn es Abrahams Gott nicht gibt,
wo wäre dann die Hoffnung auf eine zweite, glückliche Chance
für all die Opfer, die vielen Unschuldigen? Nein, Rudi, so laut
du auch schreist, du wirst mir erlauben müssen, gerade aus sei-

nem Weg Kraft zu schöpfen, um zu leben und um zu glauben, dass nicht alles sinnlos ist und war.

Einen Moment Schweigen.

Rudi: Du sagst gar nichts, Mirjam. Das war ergreifend, oder? Hat dir das schlechte Gewissen die Kehle zugeschnürt? Hat nicht besonders euer Glauben jeden Gedanken an einen Segen zerstört? Sklaverei, Unterdrückung, Kriege, Verfolgung, Folter, Ausbeutung und Völkermord! Entweder ihr habt dazu nur geschwiegen oder ihr habt es sogar „gesegnet" und kräftig mitgemacht! Das eigentlich Üble ist ja, dass das, was euer Jesus so gesagt hat, oft so schön ist – manchmal will man ja dran glauben. Aber ihr habt es zerstört und tut es weiter! Die Bergpredigt und all der Kram, ich sage, vor die Säue hat man sie geworfen, die Perlen oder Ringe! Wäre Abraham nicht gewesen, dann auch euer Jesus nicht – was wäre uns alles erspart geblieben!?

Mirjam, ruhig: Du beobachtest genau und triffst wie immer, wo es wehtut. Schuld. Wie kann man ihr entkommen? Ich könnte sagen: Damit hab ich nichts zu tun, persönlich hab ich keinem was getan, ich war nicht da, was interessiert es mich, sollen andere darüber nachdenken – oder auch nicht. Das wäre der einfache Weg. Und warum einen schwereren gehen? Und jetzt sag ich dir was, etwas, das ich glaube! Der Mensch trägt wenig Liebe in sich, es ist verdammt schwer, sich zu bewegen, wenn es um andere geht. Und genau an dem Punkt gibt mir der Glaube Kraft, mich dem dann auch zu stellen, mir Gedanken zu machen und aus der Geschichte zu lernen, auch wenn es wehtut, mich auf den Weg zu machen, auch wenn es unbequemer ist!

Rudi: Und dafür brauchst du „Segen"?

Mirjam: Ja, dafür brauch ich eine kleine Stimme, die mir Mut macht und mir sagt: „Komm mit, mach dich auf den Weg!" Und sage nicht, das gibt es nicht! Ich lasse viel gegen meine Religion anführen, ja, aber ich sage eben auch mal eines: Bei uns in den

Gemeinden engagieren sich Leute, ganze Werke haben sie aufgebaut. Für Arme, für Hungernde, für Jugendliche, die ihren Weg suchen, für Kranke, für Verzweifelte, für Demokratie und Menschenrechte, für die Umwelt und gegen Fremdenfeindlichkeit! Ich weiß, Rudi, vor deinen Augen kann das nicht bestehen, du schaust da nur mit Spott darauf, du siehst nur die Fehler, die andere machen! Aber es wäre nur fair, wenn man auch einmal anerkennen würde, was täglich getan wird, von ganz gewöhnlichen Menschen wie du und ich. Einfach, weil diese Menschen sich auf den schmalen Weg gemacht haben anstatt nur zu spotten – und von anderen mehr zu verlangen!

Hatice: Wie machst du es, Rudi?

Rudi: Was?

Hatice: Wie begründest du, was du tust oder nicht tust?!

Rudi: Ganz einfach – ich glaube nichts, also muss ich mich auch für nichts rechtfertigen!

David: Das ist sehr praktisch. Und die Schlechtigkeit der Welt kannst du dann problemlos bei anderen abladen. Sie geht dich dann einfach nichts mehr an.

Rudi: Ich kann Ungerechtigkeit wenigstens beim Namen nennen! Schau dir Hatice doch an – mit dem Kopftuch, zu dem man sie zwingt! Der Segen Abrahams – Unterdrückung heißt er! Wie kannst du weiter daran glauben, Hatice, dass die Frau unter dem Mann steht, dass Unterdrückung fair und göttlich ist!? Haben Jahrhunderte nicht gelangt, um euch zu zeigen, wozu man die Religion benutzt!? Wie viele Frauen hat dieser Abraham gehabt? Der männliche Gott im Bund mit den Männern daheim und du unterwirfst dich immer noch brav!

Hatice: Wer sagt das? Schließt du von meinem Äußeren gleich auf das Innere? Ausgerechnet du?! Was weißt du von meiner inneren Freiheit, von der Freiheit, die mir Gott schenkt? Vor Ihm sind die Menschen gleich und Ihm kommt es nicht auf die

Macht an, die noch keiner verschenkt hat an uns Frauen – auch keine Revolution! Wenn du von Freiheit für Frauen redest, dann lass mir auch die Wahl, meinen Weg zu gehen! Wenn du sagst, Jahrhunderte haben fast nur Männer definiert, was falsch und richtig war, dann lass mich jetzt definieren, mich allein, was ich für falsch und richtig halte, und schreib mir nicht schon wieder ein neues Frauenbild vor und eine bestimmte Art, mich zu kleiden! Damit das einmal klar ist: Nur, weil ich vielleicht anders aussehe als ihr, bin ich weder gleich unterdrückt noch gefährlich!

Mirjam: Das hat doch auch keiner gesagt!

Hatice: Nein, Mirjam, offen sagt das keiner. Aber versuch mal eine gute Ausbildungsstelle zu finden mit diesem Tuch! Da ist's mit der Toleranz schnell vorbei – nicht nur bei Rudi! Dabei würde ein einziger Blick in deine eigene Kinderbibel genügen, um zu zeigen, dass Maria, als fromme Jüdin ihrer Zeit, sich doch selbst einmal so gekleidet hat! Und Sara, die Frau von Abraham, natürlich auch!

Max: Hört noch nicht auf, Kinder, macht weiter! SO macht ein Streit wenigstens Sinn! Ich mach hier schon eifrig Notizen, einiges haben wir schon zusammen!

Mirjam, baff: Du schreibst schon mit!?

Max: Klar, es ist eine alte Weisheit: Wenn andere sich streiten, ist die Zeit für maximalen Gewinn!

Rudi: Du bist echt ekelhaft, Max!

Max: Sehen wir es doch einmal ganz nüchtern, Rudi! Ihr diskutiert hier über Dinge, die mich kaum etwas angehen. Segen, Gott, Gerechtigkeit – das sind so wolkige Begriffe. Und ich mach das Einzige daraus, was zählt – Profit! In diesem Fall, eine gute Note! Also bitte, streitet weiter. Dann haben wir bald genug Begriffe für die ganze Arbeit!

Mirjam: Ich fass es nicht! Du freust dich, wenn wir streiten!?

Max: Liebste Mirjam, ich freu mich nicht, aber ich hab mich damit abgefunden – und ich mach das Beste daraus. Ich bin's ja nicht, der hier streitet! Anstatt dass ihr euch moralisch über mich aufregt, könntet ihr ruhig mal anmerken, dass ich der Einzige bin, der hier was Produktives leistet, während ihr euch eure Glaubenskämpfe liefert!

Rudi: Ich finde nicht, dass es Glaubenskämpfe sind! Wir diskutieren endlich mal, was Sache ist!

Max: Ja, und ich schreib mit.

David: Was hast du denn bisher so zusammen?

Max: Also – es ging darum, ob Abraham wirklich ein Segen wäre. Dank Rudi habt ihr da sehr konkret antworten müssen! David, du hast, so hab ich dich zumindest verstanden, den Sinn und die Hoffnung genannt, die du bei Abraham findest. Mirjam hat auf die kleine Stimme abgehoben, die einem Mut machen kann, der eigenen Situation ins Gesicht zu sehen und sich für andere zu engagieren. Und Hatice hat die Gewissensfreiheit genannt, die „innere Freiheit" sozusagen. Das ist doch schon mal was, oder!?

Rudi: Also, ich weiß nicht, wie ihr das seht – aber ich brauch jetzt ne Pause! Zigarettenpause!

Hatice: Das ist gut! Bei mir wär's Zeit fürs Mittagsgebet!

Mirjam, hast du einen Raum wo ich beten kann?

David: Für mich auch, bitte.

Mirjam: Klar, das Haus ist groß genug. Es wird sich schon ein Platz für jeden finden.

Max, sich genüsslich zurücklehnend: Tja, so hat halt jeder seine Sucht. Nur ich nicht. Das heißt... Mal schauen, wie der DAX steht!

– Pause –

2. Akt

– Entdeckungen –

Im Garten, alle wieder beisammen.

Max: Da seid ihr ja endlich! Wisst ihr, wie lange ihr gebraucht habt?

Hatice: Was sein muss, muss eben sein.

Max: Wenn ihr fünfmal am Tag so was machen müsst, schlägt das doch wohl ganz schön auf die Produktivität!

David: Max, darf ich dich mal was fragen?

Max: Aber bitte doch, David!

David: Wenn dir jemand, sagen wir, 24 Goldstücke schenkt und eine Weile später kommt er vorbei und bittet dich, ihm ein Goldstück zurückzugeben, würdest du es tun!?

Max: Was soll die Frage? Na klar würde ich!

David: Gott hat uns 24 Stunden am Tag geschenkt. Meinst du nicht, wir könnten ihm eine wiedergeben..?

Hatice: ...zumal sie ja nicht verloren wäre, die Stunde!

Max: Vorausgesetzt, es gibt diesen Gott, David, und ich hätte die 24 Goldstücke nicht einfach zufällig gefunden!

Mirjam: Und auch dann wäre es wohl nur fair, einen Teil davon abzugeben, an die, die gar nichts haben!

Rudi: Was haltet ihr davon, wenn wir uns einigen, dass ja jeder für sich selbst am besten wissen muss, ob ihm jemand die Stücke geschenkt oder ob er sie zufällig gefunden hat. Auf jeden Fall brauchen wir ja jetzt nichts verschwenden, sondern könnten weitermachen!

Max: Danke, Rudi!

Rudi: Bitte, Max.

Hatice: Okay, wo waren wir?

Mirjam: Naja, er hat viele Facetten, unser Stammvater...

Max: Warum nennt ihr diesen Abraham eigentlich ständig „Stammvater"? Das war doch auch in diesem Kirchentext – war er der Vater von Moses, Jesus und Mohammed, oder was?

Kurzes Schweigen.

David: Nun ja, in einer gewissen Weise wohl schon...

Rudi: Du machst Witze – Abraham der Urahne von allen dreien! Wie kann denn so was gehen?

Hatice: Abraham hatte zwei Söhne: zuerst Ismael und dann Isaak. Ismael gilt als Urvater der Araber und auch der Quraisch. Aus diesem Stamm kam unser Prophet Muhammad. Über Isaak entstand das Volk der Juden. Und damit dann auch Moses, die anderen Propheten und später eben Jesus.

Rudi: Aha, und wer war die Mutter?

Mirjam: Es waren zwei: Hagar, die Mutter Ismaels, und Sarai, die Mutter Isaaks.

Rudi: Wie bitte?

David: Zu jener Zeit waren Abraham und Sarai schon sehr alt. Obwohl Gott es ihnen versprochen hatte, hatten die beiden kaum noch Hoffnung auf ein Kind. Daher gab Sarai ihre Magd Hagar dem Abraham zur Frau.

Max: Mannomann – da sind vielleicht Stories in euren alten Büchern! Hätt ich nicht gedacht!

Rudi: Nur weil sie ein Kind wollte, schickt sie ihren Mann zu einer anderen?!

Mirjam: Nicht „nur", weil sie ein Kind wollte! In ihr war der Wunsch nach einem Kind sehr stark, sie erwartete es und es wurde von ihr erwartet.

Rudi: Und warum hat Abraham da mitgemacht?

David: Ob es Sehnsucht war oder Liebe, Verantwortung oder Verzweiflung, was in den dreien letztlich vorging, wissen, glaube ich, nur sie alleine – und Gott.

Rudi: Wie lief die Geschichte weiter?

David: Hagar wurde schwanger. Und weil sie also offenbar fruchtbar war und Sarai unfruchtbar, kam es zum Streit zwischen den Frauen! Mirjam, lies mal bitte vor!

Mirjam, blätternd: Hier! „Als nun Sarai sie demütigen wollte, floh sie von ihr, aber der Engel des Herrn fand sie bei einer Wasserquelle in der Wüste, nämlich bei der Quelle am Wege nach Schur. Der sprach zu ihr: Hagar, Sarais Magd, wo kommst du her und wo willst du hin? Sie sprach: Ich bin von Sarai, meiner Herrin, geflohen. Und der Engel des Herrn sprach zu ihr: Kehre wieder um zu deiner Herrin und ertrag ihre harte Behandlung. Und der Engel des Herrn sprach zu ihr: Ich will deine Nachkommen so mehren, dass sie der großen Menge wegen nicht gezählt werden können. Weiter sprach der Engel des Herrn zu ihr: Siehe, du bist schwanger geworden und wirst einen Sohn gebären, dessen Namen sollst du Ismael nennen, denn der Herr hat dein Elend erhört. Er wird ein Mensch sein wie ein Wildesel. Seine Hand gegen alle, die Hände aller gegen ihn! Allen seinen Brüdern setzt er sich vors Gesicht!"

Max: Ha! Was für ein schmeichelhaftes Bild der Muslime! Ein Wildesel!

Mirjam: Bevor du lachst, darf ich daran erinnern, wie der Messias selbst nach Jerusalem einziehen wird! Auf einem Esel, wenn ich mich recht entsinne.

David: Und im 4. Buch Mose wird eine Eselin den Engel des Herrn erkennen, wo die anderen ihn nicht erkannten.

Ruth: Was habt ihr eigentlich immer mit eurem Engel?

Hatice: Für uns ist es kein Zufall, dass der „Engel des Herrn" mit Hagar spricht. Für uns ist das der Engel Gabriel, derjenige, der später unserem Propheten den Quran überbringen wird.

Mirjam: Das ist doch der gleiche, der auch Jesus ankündigt!

Hatice: Ja, genau dies berichtet auch der Quran.

Max: Ihr hattet es doch immer so mit euren Namen. Warum heißt dieser Knabe eigentlich „Ismael"?

David: Ismael heißt hebräisch: „Gott hat erhört." Und wir werden sehen, dass dieser Name seine Berechtigung hat!

Mirjam: Hier steht, dass Abraham den Jungen dann auch Ismael nennt. Das heißt doch, er glaubt Hagar die Begegnung mit dem Engel, oder?!

Hatice: Ganz offenbar.

Mirjam: Weißt du, für uns Christen ist der Gedanke noch etwas fremd, dass der Islam auf Ismael zurückgehen soll. Für uns war eigentlich mit Jesus die Geschichte auch mit Abraham irgendwie, nun ja, abgeschlossen.

David: Ja, das hat doch etwas von göttlicher Ironie! Jahrhunderte lang habt ihr gegen uns Juden angeführt, dass Gott „aus Steinen" Abrahams Kinder berufen könnte – aber dann den Ismael anzuerkennen, das ist euch dann plötzlich wieder ganz schwer gefallen!

Mirjam: Jetzt tut doch nicht so, als hättet ihr keine Probleme miteinander!

Hatice: Ich bitte euch. Wir alle wissen, dass es Probleme gibt zwischen uns. Aber es gibt eben auch eine tiefe Verwandtschaft.

Und wenn wir das erkennen, ist das doch ein Hoffnungszeichen!

Max: Also ich kenne Christen, die behaupten, das wäre alles Lüge. Dieser Ismael habe mit den Moslems nichts zu tun und der ganze Islam wäre eher eine teuflische Angelegenheit.

Hatice: So hat halt jede Religion ihre Fundamentalisten.

David: Wobei „Fundamentalist" ja eigentlich von „Fundament" kommt. Und das scheint diesen Leuten ja ein wenig zu fehlen. Mirjam, würdest du bitte... Moment... diese Stelle hier vorlesen?

Mirjam: Okay... ab hier? „Und für Ismael habe ich dich auch erhört. Siehe ich habe ihn gesegnet und will ihn fruchtbar machen und über alle Massen mehren. Zwölf Fürsten wird er zeugen, und ich will ihn zum großen Volk machen. Aber meinen Bund will ich aufrichten mit Isaak, den dir Sara gebären soll um diese Zeit im nächsten Jahr."

Hatice: Es hat in der Geschichte kein einziges größeres Volk gegeben, das sich auf Ismael berufen hat, als die Araber.

Max: Und wenn euer Gott den Ismael ausdrücklich „gesegnet" hat, wird er seinen Nachkommen wohl keine „teuflische" Religion aufsetzen!

Rudi: Ihr bekriegt euch also ständig, obwohl ihr einen gemeinsamen Ursprung habt! Ha! Ich hab's doch gesagt, in jeder Familie gibt es Probleme!

Max: Und dieser Isaak – der wird also der Stammvater der Juden?

David: Ja. Im unglaublich hohen Alter gebärt Sara doch noch einen Sohn...

Rudi: Ich dachte, sie heißt Sara"i"!

David: Wie bei Abraham änderte auch Gott ihren Namen. Sie wird nun zur „Fürstin" vor der Geschichte. Und „Isaak", ihr Sohn, bedeutet übrigens „Lachen". denn sie hatte noch gelacht, als ihr im hohen Alter ein Sohn angekündigt worden war. Und sie lacht nun natürlich wieder, als es tatsächlich soweit ist.

Hatice: Hagar aber hat bald nichts mehr zum Lachen. Denn jetzt, nachdem auch Sara einen Sohn hat, bricht der Streit zwischen den beiden offen aus. Sara besteht nun darauf, dass Hagar und ihr Sohn verbannt werden. Und Abraham gibt schließlich – auf Gottes Wink hin – nach.

Mirjam, liest: „Da stand Abraham früh am Morgen auf und nahm Brot und einen Schlauch mit Wasser und legte es Hagar auf ihre Schulter, dazu den Knaben, und schickte sie fort. Da zog sie hin und irrte umher bei Beerscheba. Als nun das Wasser in dem Schlauch ausgegangen war, warf sie den Knaben unter einen Strauch und ging hin und setzte gegenüber von ferne, einen Bogenschuss weit; denn sie sprach: Ich kann nicht ansehen des Knaben Sterben. Und sie setzte sich gegenüber und erhob ihre Stimme und weinte. Da erhörte Gott die Stimme des Knaben..."

Max: Da ist es – dieses „Gott erhört"!

Mirjam: „Und der Engel des Herrn rief Hagar vom Himmel her und sprach zu ihr: Was ist dir, Hagar? Fürchte dich nicht, denn Gott hat gehört die Stimme des Knaben, der dort liegt. Steh auf, nimm den Knaben und führe ihn an deiner Hand; denn ich will ihn zum großen Volk machen. Und Gott tat ihr die Augen auf, dass sie einen Wasserbrunnen sah. Da ging sie hin und füllte den Schlauch mit Wasser und tränkte den Knaben. Und Gott war mit dem Knaben. Der wuchs heran und wohnte in der Wüste und wurde ein guter Schütze. Und er wohnte in der Wüste Paran, und seine Mutter nahm ihm eine Frau aus Ägyptenland."

Hatice: Wartet mal! Im Quran gibt es einen Vers, den Abraham als Gebet sprach, nachdem er Hagar und Ismael an der Stelle der heutigen Stadt Mekka zurückließ. Das Gebet ist in der Sure 14, Verse 37 bis 40 zu finden und lautet: „Unser Herr, ich habe einen Teil meiner Nachkommenschaft in einem unfruchtbaren Tal nahe bei Deinem heiligen Haus angesiedelt. Unser Herr, mögen sie das Gebet verrichten. So lasse die Herzen der Menschen sie lieb gewinnen und versorge sie mit Früchten, damit sie dankbar sein mögen." Nachdem Abraham seine Frau und seinen Sohn im trockenen Tal verlassen hatte, suchte Hagar lange Zeit vergeblich nach Wasser. Der Engel Gabriel kam zu ihnen und zeigte ihr die Stelle der Quelle Zamzam. Dieses Ereignis, das auch in der Bibel berichtet wird, prägte den islamischen Glauben in Form der Pilgerfahrt nach Mekka, der Hadsch. Wir gehen sieben Mal zwischen den Hügeln, wie Hagar es tat, und wir finden die Quelle Zamzam, die bis heute sprudelt. Wir glauben, dass Abraham seinen Sohn Ismael später noch einmal besuchte und dass sie gemeinsam die Kaaba aufrichteten – den Ort, zu dem sich alle Muslime beim Gebet richten.

Mirjam: „Eure" Pilgerfahrt in „unserer" Bibel! Das ist ja mal ein Ding!

Max: Siehst du, Rudi – es scheint sich bei denen tatsächlich um Einen zu handeln!

Rudi: Aber regt es dich denn gar nicht auf, dass Gott euren Ismael im wahrsten Sinne des Wortes „in die Wüste geschickt" hat!?

Hatice: Ich glaube nicht, dass jemand von uns Gottes Willen durchschauen kann. Für uns war auch diese Vertreibung eine Prüfung. Abraham wurde geprüft, ob er bereit war, sich von seinem geliebten Sohn zu trennen.

David: Moment – dieses Motiv kommt mir aber sehr bekannt vor!

Mirjam: Ja, genau – eine Prüfung! Wie bei Isaak...

Hatice: So glauben wir, dass auch diese Prüfung einen Sinn hatte! Ismael sollte die Ankunft des Propheten vorbereiten. Zum Beispiel eine Stadt gründen und eben lebensnotwendige Bedingungen schaffen. Also von uns her keine Rede von Bitterkeit. Der Streit darüber, wer nun der besondere, der erwählte Sohn sei, besteht aber bis heute noch.

Rudi: Aber wenn ihr doch an einen Gott glaubt, welchen Sinn sollte es haben, dass er solchen Streit zwischen euch legt? Ich meine, hätte er nicht alles ein wenig einfacher machen können!?

David: Vielleicht ist es das Wesen einer ernsten Prüfung, dass sie eben nicht einfach zu bestehen ist, sondern uns alle fordert.

Rudi: Fordert in was? In heiligen Kriegen?

Hatice: Nun, die größte Anstrengung, die ein Mensch für den Frieden erbringen kann, ist die Anstrengung gegen das Böse in sich selbst, im eigenen Inneren.

Mirjam: Moment mal – mir fällt gerade ein, dass es einen solchen Rangstreit sogar schon zwischen den ersten Jüngern Jesu gab! Sie fragen ihn, wer der Erste unter ihnen sein wird!

Rudi: Und – was antwortet er?

Mirjam: Ich weiß es nicht mehr ganz genau... Irgendwas mit Kindern... Und ich erinnere mich noch an den einen Satz von ihm: „Wer der Erste sein will, soll der Letzte von allen und der Diener aller sein."

Max: Ha! Dabei will im echten Leben doch eh jeder nur der Chef sein!

Rudi: Eben. Darum geht's doch! Zwischen euch gibt's nur Streit – seit damals und bis heute! Ihr redet gern von Toleranz und Demut – aber selbst bei euren Urahnen hat das nie funktioniert!

David: Das stimmt nicht ganz, Rudi. Hier: „Und es begruben ihn seine Söhne Isaak und Ismael in der Höhle von Machpela... Da ist Abraham begraben mit Sara, seiner Frau."

Rudi, spöttisch: Sie begraben ihn also gemeinsam. Ein schönes Bild. Isaak und Ismael, wie sie gemeinsam ihren Vater betrauern! Aber, Leute, das Grab Abrahams, ist das nicht heute Hebron, wo soviel Blut fließt?

Hatice: Leider. Wir nennen die Stadt, in der Abrahams Grabstätte ist, nicht Hebron, sondern „Al-Halil". Das bedeutet „Der Freund". Für uns ist Abraham „Halilullah" – der „Freund Gottes".

David: Und genau so – „Freund Gottes" – nennen wir ihn auch. Wir nutzen dort verschiedene Gebetsstätten, sogar verschiedene Eingänge zum Grab. Das alles ist das Gegenteil des Respekts, der wohl einmal zwischen Isaak und Ismael geherrscht hat. Das Gegenteil des Friedens, von dem wir alle träumen.

Rudi: Vielleicht reicht halt Träumen einfach nicht aus. Vielleicht solltet ihr auch mal was füreinander TUN! Dann wärt ihr – alle miteinander – auch für mich wieder wenigstens ein Stück GLAUB-WÜRDIG!

Hatice: Tun wir hier etwa nichts? Ich finde, wir lernen viel voneinander!

Rudi: Aber das hätte doch viel früher anfangen müssen – und viel mehr Menschen sollten sich daran beteiligen!

David: Es hat dieses Gespräch zwischen den Religionen immer gegeben, Rudi. Aber, ja, es waren zu wenige, auf allen Seiten. Und die die Macht hatten, wollten von den Ansichten und Rechten der anderen meist nichts mehr wissen. Von Ausnahmen abgesehen.

Hatice: Und wo ist das heute anders? Wo werden Minderheiten wirklich geachtet? Und wo setzen die mächtigen Religionen sich wirklich für die anderen ein?

Mirjam: Aber liegt das nicht auch an uns? Könnten wir nicht versuchen, besser füreinander einzustehen? Ist es vielleicht das, was von uns verlangt wird?

Kurzes, nachdenkliches Schweigen.

Max: Freunde, fällt es euch eigentlich auch auf? Wir diskutieren hier über Jahrtausende alte Texte und kommen doch immer wieder in der Gegenwart an! Wir haben jetzt schon soviel Material zusammen, wir brauchen es nur noch zusammenfügen – und fertig!

Mirjam: Dabei haben wir doch ganz viel noch gar nicht verwendet...Mamre und Melchisedek...

David: ...die Opferung Isaaks, Abrahams Begegnungen mit Pharao und Abimelech...

Hatice: ...die entsprechenden Quellen des Islam, die Tradition, vor allem aber natürlich einige Verse des Quran...

Max: Leute, ich glaube, wir haben genügend Punkte zusammen – fürs Erste! David, würdest du das Zitat für den Schluss noch einmal wiederholen?

David: Es ist ein Traktat der Mischna: „Wer sich über die Menschen erbarmt, von dem ist gewiss, dass er zu den Nachkommen unseres Vaters Abraham gehört, und wer sich nicht über die Menschen erbarmt, von dem ist gewiss, dass er nicht zu den Nachkommen unseres Vaters Abraham gehört."

– Ende –

Meine Mitarbeit bei der SWR-Sendereihe „Islam in Deutschland" – Emina Čorbo-Mešić, Stuttgart

D ie Sendereihe „Islam in Deutschland" gibt es seit 2007. Bis 2014 hieß sie „Islamisches Wort". Es gibt momentan drei Autoren, Hakan Turan, Hussein Hamdan und mich. Durch unsere unterschiedlichen kulturellen Hintergründe möchte der SWR die Vielfalt muslimischen Lebens in Deutschland widerspiegeln.

Die Senderreihe wird am ersten Freitag eines jeden Monats auf der Hörfunkwelle SWRinfo ausgestrahlt. Der Text kann gleichzeitig auf der Internetseite des SWR nachgelesen werden. Der SWR ist der erste Sender in Deutschland, der Muslimen die Möglichkeit gegeben hat – in Anlehnung an die Verkündigungssendungen der Kirchen - eigene religiöse Impulse im öffentlich-rechtlichen Rundfunk zu setzen. Es handelt sich so gesehen um eine Pionierarbeit.

Anfangs gab es in der Öffentlichkeit viele kritische Stimmen zum Islamischen Wort. Dabei ging es nicht um die Inhalte unserer Texte, sondern im Allgemeinen darum, dass wir die Erlaubnis erhalten haben, Texte zu veröffentlichen.

Zu Beginn meiner Tätigkeit beim SWR fiel es mir nicht leicht Texte zu schreiben, die an Zuhörer und nicht nur an Leser adressiert sind. Doch mit Hilfe der konstruktiven Unterstützung der zuständigen Redakteure Reinhard Baumgarten und nun Ulrich Pick lernte ich sehr schnell dazu. Es machte mir zunehmend Spaß, persönliche Momente als Anlässe zum Schreiben zu wählen. Wir werden dazu ermuntert nicht nur sachlich über unseren Glauben zu berichten, sondern einen persönlichen Einblick zu ermöglichen und die Zuhörer ein Stück weit mitzunehmen in unseren Alltag.

Besonders freut mich, wenn mir Freunde, Bekannte oder Verwandte erzählen, dass sie den einen oder anderen Beitrag zufällig gehört haben. Denn seit Februar 2014 werden die Beiträge auch bei SWRinfo am ersten Freitag im Monat zu zwei festgelegten Zeiten ausgestrahlt. Bis dahin konnte man sie nur im Internet lesen und als Podcast hören.

Ich sehe dieses Projekt als einen zwar kleinen, aber dennoch bedeutsamen Beitrag zum besseren gegenseitigem Verständnis von Menschen unterschiedlicher Glaubenszugehörigkeit und zu mehr Selbstverständlichkeit des interreligiösen Dialoges.

Gedenken im Gebet

Hier das Manuskript des Radiobeitrags, der von Emina Čorbo-Mešić verfasst und gesprochen am 6. Februar 2015 auf SWR-Info in der Reihe „Islam in Deutschland" gesendet wurde.

Vor einigen Tagen wurde an den 70. Jahrestag der Befreiung von Auschwitz gedacht. In Zeiten von Pegida und Terror jeglicher Art sollte dieses Gedenken für uns alle wichtiger denn je sein.

Dieser Jahrestag ist ein Mahnmal für die gesamte Menschheit, wozu Hass und Vorurteile führen können. Es ist eine Ermahnung, wozu Menschen in der Lage sein können, wenn jegliche moralische Prinzipien über Bord geworfen werden und auch wie manipulier-, und verführbar wir Menschen sein können. Für mich als Muslima mit bosnischen Wurzeln spielen solche Gedenktage eine wichtige Rolle in meinem Leben. Neben der Auseinandersetzung mit der Geschichte Deutschlands als eine Bürgerin dieses Landes, gilt dasselbe auch für das Heimatland meiner Eltern. Auch meine Familie wurde seit vier Generationen vom Genozid heimgesucht und das nur weil sie Muslime waren. Die Verbrechen im Bosnienkrieg in den 90er Jahren sind die schlimmsten seit dem Ende des zweiten Weltkrieges. In diesem Jahr jährt sich das Massaker von Srebrenica zum 20. Mal. Man darf nicht vergessen, dass Bosnien nur knapp 1000 km von Deutschland entfernt ist.

Ich bin mit den Geschichten über Krieg und Vertreibung meiner Großeltern groß geworden, doch bedauerlicherweise scheinen die Menschen kaum etwas aus der Geschichte gelernt zu haben.

Ich frage mich, wohin das alles noch führen wird. Ich frage mich auch, wie viel Elend und Ausweglosigkeit nötig ist, um die Menschen zur Vernunft zu bringen. Die Geschehnisse in Europa, aber auch weltweit, lassen so manchen von uns sprachlos zurück. Es wird heftig diskutiert und debattiert und doch fehlen die passenden Worte.

Ängste und Sorgen werden auf allen Seiten zusätzlich geschürt. Wir erleben die Stimmung weltweit als hochgradig geladen und die extremen Positionen drängen sich immer lauter und dominanter in den Vordergrund des Weltgeschehens.

Gerade deshalb ist es für uns lebenswichtig zunächst einmal in sich zu kehren und das Gespräch mit Gott aber auch mit sich zu suchen. Denn nur wer ganz bei sich sein kann, wird eine selbstreflexive Haltung einnehmen können, die im Islam den Kern des Glaubens darstellt.

Deshalb ist das rituelle Gebet im Islam, das fünf Mal am Tag verrichtet wird, eine der fünf wichtigen Säulen des Glaubens. Im Gebet können wir gedanklich alles loslassen und in Gottes Hände legen. Denn Gott ist der Allmächtige und der Allwissende. Wir können Kraft und Besonnenheit tanken im Gebet um mit Zuversicht und nicht mit Resignation in eine gemeinsame Zukunft blicken zu können.

Es ist an der Zeit sich unserer Rolle in dieser Welt bewusst zu werden und sich zu vergegenwärtigen woher wir kommen und wohin unser Weg uns führen wird. Gott ist der Eine, der uns alle Menschen eint. Er wird uns am Jüngsten Tag versammeln und uns nach unserem Handeln fragen.

Beim Gedenken im Gebet bitten wir Gott, nie zu vergessen, was im Holocaust oder im Bosnienkrieg geschehen ist, damit sich so etwas nie wieder und nirgendswo auf der Welt wiederholen mag.

Emina Čorbo-Mešić von der CIG Region Stuttgart war von 2010 bis 2012 muslimische Vorsitzende des KCID. Für weitere Informationen über sie siehe swr.de, Suchwort corbo, „Einblicke in eine Weltreligion in unserer Mitte".

Die Projekte des KCID

Übersicht - Karl Berger

Die ursprüngliche Satzung schrieb in § 8 vor, dass der KCID eine Geschäftsstelle einrichtet. Um diese zu finanzieren, reichten und reichen die Mitgliedsbeiträge nicht aus. Deshalb wurde von Anfang an auf die Förderung durch das Bundesministerium des Inneren (BMI) und die Stiftung Apfelbaum gesetzt. Solche Förderungen dürfen nicht in die Vereinsarbeit fließen, sondern werden für Projekte gewährt. Das erste Projekt, von der CIG Region Stuttgart verantwortet, war 2002-03 die „Errichtung einer Geschäftsstelle für den KCID". In der am 1. Oktober 2003 eröffneten Geschäftsstelle arbeitete ab 1. Juli 2004 eine stundenweise bezahlte Bürokraft. Bis Oktober 2008 wurden die Projekte von den Vorsitzenden Melanie Miehl und Murat Aslanoğlu, den anderen Vorstandsmitgliedern und der Geschäftsstelle abgewickelt.

2004: Aufbau einer Datenbank und Durchführung von Projektveranstaltungen

Das waren im September 2004 das Seminar „Dialog und Fundraising in Deutschland (DAFID)" im Heinrich Pesch Haus in Ludwigshafen, im Oktober die mit der Akademie der Diözese Rottenburg-Stuttgart in Stuttgart-Hohenheim veranstaltete Tagung „Dialog in der Kritik" und im November das Seminar „Dialog und Medienarbeit (DIAMEDIA)" in der Tagungsstätte Walberberg in Bornheim. Die Seminare und die Tagung dauerten von Freitagabend bis Sonntagmittag und boten Gelegenheit, einander kennenzulernen und Erfahrungen auszutauschen. Im Dezember erschien die Website www.kcid.de mit einer Datenbank Dialog in Deutschland (Projekt DADID). Auf ihr kann jedermann eine Dialogveranstaltung anmelden, die nach Freischaltung veröffentlicht wird.

2005: Bundeszuwendung für vier Projekte

Das Seminar „Vereinsmanagement im Dialog" fand zusammen mit der Mitgliederversammlung im März in Gießen statt, das Seminar „Argumentationsstrategien im interreligiösen Dialog" im Oktober auf der Burg Rothenfels am Main. Im Projekt „Weiterentwicklung der Internetpräsenz des KCID" wurde die Website mit einer nach Bundesländern kategorisierten Liste der uns bekannten Dialoginitiativen ausgestattet mit der Möglichkeit nähere Angaben aufzurufen. Das Projekt „Postkartenserie Verständigung von Christen und Muslimen" bestand in der Herausgabe von Postkarten mit vier verschiedenen Motiven in größerer Stückzahl.

2005-06: Förderung der Vernetzungs- und Öffentlichkeitsarbeit des KCID durch die Stiftung Apfelbaum

Hierdurch wurden die Kosten der Fahrten der Vorsitzenden und anderer Vorstandsmitglieder zu ihren zahlreichen Terminen übernommen. Unter anderem nahm Murat Aslanoğlu an einer Audienz bei Papst Benedikt XVI. im Rahmen des Weltjugendtages teil. Beide Vorsitzende organisierten zusammen mit Ruprecht Polenz und dem Deutschen Städtetag, der Ditib und anderen Organisationen in zahlreichen Treffen die christlich-muslimische Friedenswoche und zugehörige Projekte vor. Zudem wurde der KCID zum Bundespräsidenten und in den Bundestag eingeladen.

2006-07: Bundeszuwendung für REGIODIA und drei Tagungen

Unter dem Namen REGIODIA fanden mehrere eintägige Regionaltagungen zur Vernetzung ehrenamtlich Tätiger im christlich-islamischen Dialog aus dem jeweiligen Umkreis statt. Im Jahr 2006 waren das die Tagungen im März in Denkendorf, im Mai in Nürnberg, im Juni in Bergisch Gladbach-Bensberg und im Juli in Frankfurt und im Jahr 2007 im Mai in Freiburg und im September in

Marl. Die meisten Tagungen beschäftigten sich mit dem Dialog. Nur in Marl gab es ein besonderes Thema: „Jugendliche aus muslimischen Familien und ihre Berufsausbildung". Die Tagung „Über Kreuzritter und Gotteskrieger zu Toleranz und Dialog" im ehemaligen Deutschordensschloss Beuggen in Rheinfelden war im September 2006 verbunden mit der Mitgliederversammlung. Die Tagung „Islam 2020 – Szenarien für den gesellschaftlichen Dialog zwischen Christen und Muslimen" wurde im November 2006 in Zusammenarbeit mit der Akademie der Diözese Rottenburg-Stuttgart veranstaltet. Im Oktober 2007 war in Bergisch Gladbach-Bensberg die „Mitgliederversammlung in Verbindung mit einer Vortragsveranstaltung", wobei mit Letzterem der Festakt zum 25jährigen Bestehen der Christlich-Islamischen Gesellschaft gemeint war mit einem Vortrag von Herrn Dr. Mustafa Ceric, Reis-ul-Ulama und Großmufti von Bosnien, zum Thema „Christen und Muslime – gemeinsame Wurzeln und Perspektiven für Europa".

2007-2009: PRODIA – aktives Dialogmanagement in Deutschland

Dieses größte Projekt des KCID wird in einem eigenen Beitrag vorgestellt, siehe unten.

2008-2011: Die weiteren Projekte

Parallel zu Prodia gab es im Jahr 2008 das Projekt „Veranstaltung zur Zukunft des christlich-islamischen Dialogs in Verbindung mit einer Delegiertenversammlung". Es war die Tagung „Zukunft des Dialogs", die vom 24. bis 26. Oktober 2008 im Studienzentrum Birkach in Stuttgart stattfand. Im abschließenden Schreiben des Bundesministeriums des Inneren vom 16. September 2009 heißt es dazu: „Nach der Erfolgskontrolle der o. g. Veranstaltung komme ich zur Bewertung, dass die Maßnahme nicht uneingeschränkt zur Umsetzung des erheblichen Bundesinteresses geeignet ist. ... Tagungen des KCID können deshalb nur noch gefördert werden, wenn sie offen für interessierte Multiplikatoren aus dem Bereich des interreligiösen Dialogs und nicht nur für KCID-Mitglieder angeboten werden und darüber hinaus konkrete Fragestellungen bearbeitet werden, die eine unmittelbare und nachhaltige Wirkung auf den interreligiösen Dialog erwarten lassen."

Von daher ist es nachvollziehbar, dass die für 2009 in Nürnberg geplante „Fachtagung ‚Heilige' Räume – theologische Konzepte und interreligiös-gesellschaftliche Konsequenzen in Verbindung mit einer Delegiertenversammlung" keine Förderung durch das BMI erhielt und scheiterte.

Die bisher letzte Förderung durch das BMI bekam der KCID für die Tagung „Christlich-islamischer Dialog in der Jugendarbeit", die vom 11. bis 13. Februar 2013 in Karlsruhe stattfand. Der letzte Tagungsteil war in die auf Sonntagvormittag, 13. Februar, angesetzte Mitgliederversammlung eingebaut, so dass die förderungsfähige Tagung nur zweitägig war. Deshalb und aus anderen Gründen musste ein erheblicher Teil der erhaltenen Fördermittel zurückgezahlt werden, was nur mit Spenden seitens des Vorstands ging.

Seit 2012: Die aktuelle Situation

Seither kommt der KCID ohne Förderung durch das BMI aus. Denn seit Ende 2009 hat er keine Geschäftsstelle mehr und die Mitgliederversammlungen finden eintägig statt: am 1. Dezember 2012 in Essen, am 13. April 2013 in Frankfurt und am 18. April 2015 in Bonn. Eine Ausnahme gab es nur 2014 in Stuttgart. Anlässlich des zehnjährigen Bestehens des KCID gab es im Anschluss an die vom KCID mitveranstaltete Tagung „Arm und reich – religiöse Modelle des sozialen Ausgleichs" in der Akademie der Diözese Rottenburg-Stuttgart am Samstagabend, 23. Mai, einen Festakt, gefördert durch das Zentrum Ökumene der EKHN, und am nächsten Vormittag fand dort in der Akademie die Mitgliederversammlung statt.

PRODIA – aktives Dialogmanagement in Deutschland – Ute Suleima Pascher

Für jeden Reisenden sind Landkarten und Stadtpläne unverzichtbare Hilfsmittel bei der Erkundung einer fremden Stadt. Sie fördern die Orientierung, beschleunigen die Suche nach angestrebten Zielen und lassen einen auch bislang Unbekanntes entdecken.

Mit dem Projekt „PRODIA – Aktives Dialogmanagement in Deutschland" beschreitet auch der KCID e. V. Neuland. Ziel des Projektes war es unter anderem, eine Landkarte des christlich-islamischen Dialogs in Deutschland zu erstellen und diese auf einer Internetplattform zu veröffentlichen. Die Tätigkeiten und Strukturen der in Deutschland aktiven Dialoginitiativen, deren inhaltliche Konzeption interreligiöser Dialog ist, wurden erfasst, aufbereitet und mit Einverständnis der AnsprechpartnerInnen auf der Homepage des KCID veröffentlicht.

Damit entstand erstmals eine Plattform, die der Vernetzung und Intensivierung der Dialogarbeit dient. Interessierte und erfahrene Akteure wurden bei ihrem Ziel, die Verständigung zwischen Christen und Muslimen zu fördern und zu intensivieren, unterstützt. Darüber hinaus hat das Projekt durch Seminare und Veranstaltungen zur Qualifizierung und Fortbildung von MultiplikatorInnen beigetragen.

Das Projekt hatte folgende Teilziele:

* Im Bundesgebiet tätige christlich-islamische Dialoginitiativen werden systematisch erfasst und ihre Tätigkeit beschrieben.

* Das Projekt bietet den meist ehrenamtlich Tätigen in den Dialoginitiativen die Möglichkeit der Vernetzung und des Erfahrungsaustauschs. Dies wird neben einer intensiven Recherche auch durch regional durchgeführte Veranstaltungen erreicht.

* Darüber hinaus steht die Geschäftsstelle des KCID für inhaltliche und methodische Fragen der Dialogarbeit zur Verfügung.

- Das Projekt trägt zur Professionalisierung des ehrenamtlichen Engagements der Mitwirkenden in den Dialoginitiativen bei. Durch die Vermittlung fachlicher und methodischer Kompetenzen will der KCID den Dialog vor Ort fördern und stärken.

Mit insgesamt sieben Vernetzungs-Veranstaltungen von Freising bis Hamburg von Köln bis Berlin konnten im Dialog aktive Menschen mit einander ins Gespräch gebracht werden. Die Themen der PRODIA-Veranstaltung waren inhaltlich auf die weitere Fach- und Methodenkompetenz ausgerichtet. So gaben Aiman A. Mazyek, Zentralrat der Muslime und Stefan Toepfer, Frankfurter Allgemeine Zeitung Anregungen und Unterstützung zum Thema Presse- und Öffentlichkeitsarbeit. In Mannheim und Stuttgart gab Claus Michel, Geschäftsführer des Stiftungsforums in der Diözese Rottenburg-Stuttgart – gemeinnützige GmbH konkrete Tipps und Hilfestellung zu Fragen des Fundraising. Daneben war es ein großes Anliegen, Zeit und Raum für Erfahrungsaustausch und Vertiefung von Kontakten innerhalb der im Dialog Aktiven zu bieten.

An dieser Stelle gilt es einen tiefen Dank für all die „Türöffner", die es der Projektverantwortlichen ermöglicht haben, Kontakte zu knüpfen und Menschen im Dialog zu finden, die das Projekt durch die Beantwortung des Fragebogens und der Bereitschaft zur Veröffentlichung erst möglich gemacht haben, auszusprechen

Ganz besonderer Dank gilt Herrn Dr. Hansjörg Schmid, Katholische Akademie der Diözese Rottenburg-Stuttgart, Herrn Dr. Rainer Oechslen, Beauftragter der Evangelisch-Lutherischen Kirche in Bayern, Frau Katrin Visse, Katholische Akademie Berlin, Herrn Dr. Detlef Görrig, Beauftragter für christlich-islamischen Dialog der Evangelisch-Lutherischen Kirchen in Norddeutschland (bis 2013), Frau Bernadette Schrader, persönliche Referentin des Weihbischofs Dr. Jaschke, Erzbistum Hamburg, Herrn Dr. Werner Höbsch, Referat für Dialog und Verkündigung, Erzbistum Köln, Herrn Dr. Andreas Renz und Herrn Peter Miller, Dialog der Religionen, Erzbistum München, Herrn Rafet Öztürk, Referent für interkulturelle und interreligiöse Zusammenarbeit, DITIB, Köln, Herrn Ender Cetin, Referent für Öffentlichkeitsarbeit der DITIB-Sehitlik-Moschee, Berlin, Imam Benjamin Idris, Penzberg, Herrn Yavuz Kazanc, Landesverband der islamischen Kulturzentren Baden-Württemberg e. V., Herrn Dr. Ali-Özgür Özdil, Leiter des Islamischen Wissenschafts- und Bildungsinstituts e. V., Hamburg, Herrn Dr. Zekeriya Altug, DITIB Hamburg und Schleswig-Holstein, Frau Imamin Halima Krausen, Imam-Ali-Moschee, Hamburg, Herrn Engin Karahan, IGMG; Köln, Frau Dorothee Schaper, Melanchthon Akademie, Köln, Prof. Dr. Wolfgang Reinbold, Haus der Religionen Hannover e. V.

Alle Dialog- und Islambeauftragten der Kirchen und der muslimischen Verbände, auch die, die nicht namentlich erwähnt sind, sowie im Dialog bereits erfahrene Akteure in ganz Deutschland haben dazu beigetragen, dass am Ende insgesamt 165 Initiativen in der Landkarte des Dialogs veröffentlich werden konnten.

Zu danken gilt es ebenfalls Frau Emel Kazanc, die von Februar bis April 2009 das Projekt tatkräftig in der Geschäftsstelle in Köln unterstützt und somit einen wichtigen Beitrag zum Gelingen geleistet hat.

Konzeption und Umsetzung des Projekts PRODIA:

Projektverantwortlich für den Vorstand des KCID: Melanie Miehl bis Oktober 2008 und danach Dr. Thomas Lemmen

Projektleitung: Ute Suleima Pascher

Inhaltliche Konzeption und Aufbereitung der Website: Marfa Heimbach

Technische Konzeption und Realisation der Website: Rainer Lamberts

PRODIA wurde gefördert vom Bundesministerium des Innern und der Stiftung Apfelbaum. Projektzeitraum war von November 2007 bis Dezember 2009.

Zeitfracht Medien GmbH
Ferdinand-Jühlke-Straße 7
99095 Erfurt, Deutschland
produktsicherheit@kolibri360.de